To. 돈 공부가 인생 공부가 되길 바라는 마음으로

_____ 에게 이 책을 선물합니다.

From. _____ 드림

아들아,
돈 공부는
인생 공부였다

MONEY ◆ LIFE

50억 부자 아빠가 나이 오십이 넘어 깨달은 현실 인생 수업

아들아, 돈 공부는 인생 공부였다

정선용(정스토리) 지음

"행복은 돈으로 빚어낸 그릇이 아니지만
불행은 돈으로 빚어진 그릇이 맞다."

RHK
알에이치코리아

♦ ♦ ♦

경제학은 '인간의 경제활동을 분석하는 사회과학의 한 분야'다. 사실 경제학은 그리 오래된 학문이 아니다. 1776년 3월 애덤 스미스가 《국부론》을 출간하면서 하나의 학문으로 자리 잡았으니, 대략 240여 년이 되었다. 경제학은 인류의 풍요로운 물질문명을 창출하기 위한 무수한 질문과 답변을 거쳐 발전을 거듭해 왔다. 그 질문의 주류는 다음의 세 가지로, 경제학은 질문에 답을 찾아가는 과정에서 발전한 것이다.

첫째, 우리는 어떤 결정을 내려야 하는가? 둘째, 우리는 어떻게 상호 작용을 하는가? 셋째, 국가 경제는 어떻게 움직이는가?

결국 경제학은 사람이 어떻게 합리적인 선택을 할 것인가, 어떻게 상호 작용을 하며 살아갈 것인가, 국가라는 경제공동체가 어떻게 움직여야 인류가 경제적 번영을 이룰 수 있는가를 연구하는 학문이다. 그런데 경제학을 연구하는 학자는 대체로 데이터를 분석한 통계적 관점과 과학적 연구 모형이라는 분석 기법을 기반으로 국가 단위의 경제 순환구조를 연구한다. 그래서인지 경제학자의 관점은 경제를 포괄적이며, 거시적인 시선으로 바라본다. 반면에 일반인은 다르다.

결국 경제학은 수리와 논리에 밝은 사람들의 전유물로서만 존재하고, 경제학의 원리를 알고 살아가야 하는 일반인은 경제학을 도외시하는 결과를 낳았다. 이런 경제학의 모순으로 개인을 살피지 못하는 사각지대가 우리 사회 곳곳에 존재한다. 경제학자로서 이런 현상에 책임을 통감한다.

사실 경제학은 우리가 살고 있는 세상이 좀 더 나은 세상으로 나아가는 문명의 빛으로써의 역할을 해야 한다. 즉, 인류가 직면한 난제를 뚫고 나아가는 뾰족한 송곳 같은 존재가 되어야 한다. 국가 경제적 역할뿐 아니라 경제주체인 개인이 경제적 삶을 살아가는데, 송곳 같은 지원을 해야 한다. 이제는 경제학자도 개인의 경제적인 삶에 보탬이 되는 경제 원리를 연구하고 전파해야 한다.

《아들아, 돈 공부는 인생 공부였다》의 정선용 작가는 개인의 관점에서 돈과 경제를 바라보았다. 경제학자와는 다른 시각이다.

바로 그 점에서 이 책은 의미가 있다. 개인이 경제사회 공동체에서 스스로 어떻게 살아갈 것인가를 '돈과 경제'의 관점에서 되짚어보았다는 점이 흥미롭다. 물론 《국부론》처럼 국가의 부를 증진하기 위한 학문적 심도가 있는 연구도 중요하지만, 개인의 솔직한 독백이 담긴 경제학도 의미가 있다. 우리가 경제학을 배우는 것은 개인의 삶에서 행복을 위한 방편을 찾고자 함이 아닌가!

사실 추천사를 부탁받고 '아들아, 돈 공부는 인생 공부였다'라는 책의 제목이 경제 서적인가 의문이 들었다. 그러나 책을 읽어가면서 의문은 해소되었다. 지금까지 경제학자로 살아왔던 그 시간을 돌이켜 볼 수 있는 유익한 시간이었다. 그래, 돈과 경제 공부가 인생 공부였구나! 이 책 덕분에 경제학자로 살아왔던 지난 세월에 다른 의미를 부여하게 되었다. 경제학이 바로 내 삶의 시간이었다. 이 책은 나에게 작지만, 소중한 삶의 깨우침을 주었다.

독자들도 이 책을 읽고, 삶의 기본인 '돈과 경제의 법칙'을 이해함으로써 성공하는 인생의 법칙을 깨닫게 되기를 바라는 마음으로 추천한다.

이기성, 건국대학교 사회과학대학 경제학과 교수

돈 공부는 인생 공부였다

행복은 돈으로 빚어낸 그릇이 아니지만,

불행은 돈으로 빚어진 그릇이 맞다.

이 사실을 깨닫는 과정이 바로 돈과 인생 공부였다.

크레바스는 빙하 위의 갈라진 틈을 말한다. 인생을 살다가 자칫 헛디뎌 빠지게 되는 깊은 수렁이 바로 크레바스다. 생계가 처절한 가난이라는 삶의 위기가 돈의 크레바스고, 외환위기 같은 경제 위기가 경제의 크레바스며, 사람의 몸과 마음에 생긴 병으로부터 비롯된 위기가 인생의 크레바스이다.

아버지 인생의 시작점에는 지독한 가난과 가족의 불행이라는 인생의 크레바스가 있었다. 아버지는 고등학교를 2학년 1학기까지만 다니고 학업을 그만두었다. 1984년 9월 화창한 날 아침, 너희 할머니가 학교에 와서 아버지의 고등학교 자퇴서에 서명을 했다. 그날 할머니는 1교시 수업이 시작되기 전에 서둘러서 담임 선생님을 만났고, 아버지의 자퇴에 별 관심이 없었던 담임 선생님과 짧은 상담 후 자퇴서에 도장을 찍었다. 그렇게 아버지는 열일곱에 학생이 아닌 애매한 자유인 신분이 되었다. 할머니가 자퇴서에 도장을 찍던 그 시간, 아버지는 교실에서 반 친구들과 마지막 작별 인사를 나누고 있었다.

"다 끝냈다. 집에 가자."

할머니가 교실 뒷문으로 와서 아버지에게 건넸던 첫마디였다. 할머니의 얼굴이 붉게 상기되어 있었다. 반 친구들과 작별 인사를 미처 끝마치지 못했던 아버지는, 할머니에게 먼저 가시라고 했다. 할머니는 아버지에게 무언가 말하려는 듯 잠시 머뭇거리다가 마음이 바뀌셨는지 바로 뒤돌아서 건물 출구가 있는 복도 끝으로 걸어가셨다. 아버지는 할머니의 뒷모습을 한참 바라보았다. 눈물을 꾹 참고서 걸어가고 계시는 듯 보였다. 할머니의 뒷모습에는 슬픔이 묻어 있었다. 복도 끝에서 계단으로 내려갈 때 옆모습이 스치듯 보였는데, 그때 아버지는 할머니 얼굴에서 눈물을 보았다.

아마도 학교를 벗어나는 내내 그렇게 걸으셨을 것이다.

아버지는 고등학교 자퇴 후 7년이 지나고서야 겨우 대학에 합격할 수 있었다. 대학교 합격증을 받고선 할머니에게 자퇴했던 그날 일을 물어본 적이 있다.

"내가 고등학교 자퇴했을 때 걱정 많이 했었지?"

할머니의 대답은 달랐다.

"너는 걱정 안 했다. 그냥 잘할 거라고 믿었다."

세상의 모든 자식은 어머니의 믿음이 등불이 되어, 깜깜한 절망의 구렁텅이에서도 무너지지 않고 일어선다. 아버지 또한 그랬다. 어머니의 믿음이, 길을 밝히는 등불이 되어 어둠에서 벗어날 수 있었다. 세상 모든 어머니의 자식에 대한 믿음으로 자식들은 일어선다. 세상 모든 어머니의 무한 신뢰가 세상의 모든 철없는 자식들을 바른길로 이끄는 한 줄기 빛이다. 그때 아버지는 어둠 속에서 헤맸지만 결국에는 바닥으로 떨어지지 않고 제자리로 돌아왔다. 아버지가 인생의 바닥에서도 희망의 끈을 놓지 않고 버틸 수 있던 것은 어머니의 믿음과 기도 덕분이었다.

아들아, 아버지는 자퇴했던 그날의 마지막 하굣길이 생각난다. 할머니를 먼저 보내고, 친구들과 마지막 인사를 나누고 있었다. 인사를 나누기 시작한 지 채 십여 분이 지나지 않았는데, 1교시 수업 시작종이 울렸다. 반 친구들과 인사를 급하게 마무리할 수밖

아들아, 돈 공부는 인생 공부였다

에 없었다. 친구들은 교실에서 수업을 듣고, 아버지만 혼자서 쫓겨나듯이 교실을 빠져나왔다. 혼자서 텅 빈 운동장을 가로질러 교문 밖으로 나왔다. 학교를 벗어나자 매일 걸어서 집으로 돌아오던 하굣길이 나타났다. 그 짧은 거리를 걷는 내내 여러 가지 생각에 잠겼다. 처한 상황은 복잡하지만 한 가지 사실은 명확했다. 지금 나는 혼자다. 내일도 모레도 혼자일 것이다. 그 명확한 현실만큼은 직시할 수 있었다.

월요일 아침 10시, 그 거리에서는 또래 학생들을 찾을 수 없었다. 오직 아버지만 혼자였다. 혼자라는 것이 이렇게 외로운 거구나, 그때 알게 되었다. 아, 혼자구나, 혼자 시작해야 하는구나. 스스로의 결정으로 감당해야 할 현실이 갑자기 무서웠다.

그날이 너무 강렬해서 지금도 쓸쓸한 할머니의 뒷모습, 앞으로 감당해야 할 미래에 대한 열일곱 소년의 두려움, 그리고 혼자서 떨면서 걸었던 길 위에서의 외로움이 오래된 흑백 사진처럼 아버지의 기억에 남아 있다. 그때 수없이 스스로 각오를 새겼다. '잘해야 한다, 잘해야 한다, 잘해야 한다' 반복해서 되뇌었다. 그러나 열일곱 어린 나이에 혼자서 통제하고 절제하는 생활을 해나간다는 것은 불가능했다. 시간과 삶은 수백 번의 각오와는 다르게 흘러갔다.

아버지의 호기로운 결심과 각오는 2개월도 채 못 갔다. 내 하루 일과는 이랬다. 먼저 잠에서 깨어나는 시간은 오후 2시 정도였다. 할머니가 차려낸 식사를 하고는 바로 다시 방에 누워서 담배를 피웠다. 오후 내내 책을 읽는 둥 마는 둥 그렇게 빈둥거렸다. 해가 지면 TV를 보거나, 가끔 친구가 찾아오면 술을 마시는 것이 일과의 전부였다. 그렇게 빈둥거리다가 새벽 3시 이후에나 잠을 잤다. 사람은 삶의 목표를 놓아버리는 순간, 완전히 무기력해진다. 그렇게 매일 지내다 보면 끝도 없는 바닥으로 내팽개쳐진다. 그때 아버지는 무기력의 방바닥에서 헤매고 있었다. 그렇게 어영부영 3년을 허비했다. 그러다가 군대에 끌려갔다.

제대 후 겨우 새롭게 공부할 수 있다는 의지를 다질 수 있었다. 그때 1년 바짝 공부해서 스물다섯 살의 늦은 나이에 대학에 입학할 수 있었다. 간신히 이 사회의 테두리 안으로 다시 진입했다. 그리고 다시 입시 공부를 하면서 온몸으로 처절하게 깨달았던 인생의 법칙이 하나 있다.

"만약에 정상 궤도를 벗어났던 사람이 다시 사회의 궤도에서 성공하고자 한다면, 쓰러졌던 바로 그 자리에서 다시 시작해야 한다."

아버지는 힘겹게 스물네 살의 나이에 열일곱 살에 쓰러졌던 바로 그 자리에 다시 시작해서 겨우 일어날 수 있었다. 아들아, 인생의 길에서 쓰러졌던 그 자리에서 다시 시작해야 한다. 쓰러졌던 자리가 새로운 출발의 시작점이다. 나아가고 싶다면 무조건 쓰러졌던 그 자리에서 다시 일어나야 한다. 아버지는 그 사실을 스물네 살의 처절한 시간 속에서 배웠다. 더욱 잔인한 건 다시 서는 재활의 시작이 늦어질수록 고통이 쌓여 간다는 사실이었다. 나락의 시간이 길수록, 다시 일어날 때 고통은 더욱더 커져 있다.

다시는 이런 후회를 하지 않으리라. 아무리 두려운 장벽을 만나더라도 절대 피하지 않을 것이라고 아버지는 다짐했다. '견디는 것이 이기는 것'이라는 삶의 원칙은 그때 수립했다. 피하면 다시 그 자리에서 배가된 고통을 만난다. 절대 피해서는 안 된다. 삶의 장벽을 만나는 그 순간에 바로 덤비고 깨부숴야 한다. 그 각오가 힘겨운 25년의 직장 생활을 견딘 힘이었다.

아버지는 2020년에 퇴직했다. 다시 인생의 두려움과 마주하게 되었다. 그러나 피하지 않았다. 퇴직이라는 인생의 크레바스와 정면으로 부딪쳤다. 아버지가 직원의 삶을 마무리하는 고통과 마주했었다면 너는 직원의 삶을 시작하는 고통과 마주하고 있다. 아들아, 쓰러졌던 자리에서 다시 시작해야 한다는 사실을 명심하고 절대로 쓰러져서는 안 된다. 버티어 내야 한다. 그리고 아버지는 절대로 쓰러지지 않겠다고 너에게 약속한다.

돈 공부는 인생 공부가 될 수 있는가?

돌이켜 보니 2020년 퇴직 이후 2년 동안의 돈 공부는 아버지에게 인생 공부였다. '돈 공부는 인생 공부다'라는 이 말은 경제학과 인문학의 이론적 토대로 굳이 설명할 필요가 없는 참 명제다. 굳이 설명하자면, 보통 경제는 인간 생활에 필요한 재화나 용역을 생산, 분배, 소비하는 모든 활동이다. 인문은 경제 활동 속 인간과 그들의 사회적 관계를 말한다. 인문은 경제의 토대로 세워진 집과 같다. 그래서 경제와 인문은 분리되지 않는다. 학문의 관점에서도 마찬가지다. 경제학도 인문학처럼, 인간 근원의 문제와 문화의 이해, 그리고 인간의 가치와 인간만이 지닌 자기표현 능력에 관한 문제를 다루는 인문 영역과 겹친다. 경제 문제는 곧 인간 삶의 근원과 연결되기 때문이다. 그래서 돈과 경제를 공부하는 것은 인생 문제를 다루는 인생 공부가 된다.

기본 생존권과 가족 부양 능력의 바탕에는 경제가 있다. 더 나아가 경제는 인간의 존재성과 그들이 살아가는 의의 측면과도 깊은 관련이 있다. 왜냐하면 삶은 생존과 더불어 생계 문제기 때문이다. 이렇게 경제와 인문은 서로가 양면으로 분리되는 것이 아니라 보조를 맞추며 간다. 경제학은 삶의 물질적 결핍을 치유하는 학문이고, 인문학은 삶의 정신적 결핍을 치유하는 학문이다. 특히 가난은 경제 문제를 인문 측면의 문제로 고착하게 한다. 가난은 경제적 가치를 극대화하기 때문이다. 가난할수록 경제 문제는 직접적인 삶과 인생 문제로 귀결되고, 경제적으로 풍요로우면 그저 삶의 질을 좌우하는 정도에 머무른다. 결국 경제학적·인문학적 이론의 토대로 보아도 돈 공부는 인생 공부다.

경제는 인문의 바탕이다.

다만 경제학이 인문학과 다른 점은 있다. 경제학은 명확한 질서와 규칙을 필요로 한다는 점이다. 그래서 그 질서를 바로 세우기 위해서는 경제의 기준이 있어야 한다. 먼저 기준이라는 말의 의미를 파악할 필요가 있다. 기준은 군대의 제식 훈련에서 많이 쓰인다. 군대 훈련 중 기준은 보통 대열의 중심을 세우는 표준 점으로 사용한다. 주로 대오隊伍를 정렬하는 데 기본이 되는 표준 구령을 '기준'이라고 한다. '우측 일 번 선두 기준!'이라고 교관이 구령하면, 우측 일 번이 오른손을 번쩍 들고 '기준'을 복명복창하고, 그 구령을 중심으로 좌측에 정렬한다. 제식 훈련처럼, 다수의 인원이 일사불란하게 대오를 정렬하기 위해선 반드시 기준이 있어야 한다. 경제학은 인문학보다 이런 질서와 규칙을 더 필요로 한다.

군대라는 조직에 질서를 부여하는 것처럼 경제 공동체에도 기준은 필요하다. 그래서 기준에 맞추어 질서 정연하게 움직이도록 기준을 구조화한다. 경제는 혼란 속에서 크고 작은 문제를 유발키 때문이다. 경제 공동체가 질서 정연하게 움직이기 위해선 법과 제도가 갖춰져 있어야 한다. 그런데 이 법과 제도의 기준은 바로 인문학이 바탕이 된다. 그래서 결국 경제의 기준은 사람이다.

경제가 질서 정연하게 움직이기 위해선 사람이라는 첫째 기준이 필요하다. 여기에 경제 자체의 기준 위에서 형성된 질서가 둘째 기준이다. 둘째 기준은 수요와 공급이 일어나는 '시장의 원리'에 의해서 움직여지는 것을 보면 알 수 있다. 그리고 시장에서 작동되는 질서의 기준이 바로 '돈'이다. 돈은 경제적 가치 판단의 기준점이다. 돈의 역할이 바로 서야만 경제가 순조롭게 흘러간다. 그리고 기준으로서 돈을 이해하면, 그때 비로소 경제 법칙이 눈에 들어온다. 돈의 법칙이든 경제의 법칙이든 인생의 법칙이든, 이를 이해하는 기본 바탕은 기준과 질서다. 기준은 사람과 돈이고, 질서는 사람과 돈을 기준에 맞춰 세운 법과 제도를 말한다. 우리는 이런 자본주의의 질서 속에서 살아가고 있다.

아버지는 퇴직 이후에 이런 자본주의의 질서를 깨닫기 위한 공부를 했다. 그렇게 했던 돈과 경제 공부가 아버지에게는 인생 공부가 되었다. 돈과 경제, 인생이 어떻게 연결되어 있는지 인생의 법칙을 찾아가는 과정에서 조금은 알게 되었다. 이 책은 돈과 경제가 사람과 사회에서 어떻게 작동하고 있는지 공부했던 기록이다.

돈과 인생이 뒤얽힌 어둠은
어머니의 손마디에 그대로 새겨져 있다.

너의 할머니는 1941년생으로, 올해로 나이가 여든이시다. 너의 사촌이 아이를 낳아서 벌써 여섯 살인 증손자가 있다. 할머니는 말 그대로 노년의 삶을 살고 계신다. 아버지는 요즘, 할머니가 어떤 마음으로 하루를 보내는지 생각한다. 할머니는 요즘처럼 편하게 하루하루를 지내다가 어느 날 편하게 저세상을 가고 싶다고 하신다. 유일한 소망은 그저 자식들이 당신 때문에 고생하지 않는 것이라고 말씀하신다. 대한민국에서 여든이라는 나이가 가지는 의미는 무엇일까? 그 의미를 찾기 위해서 할머니의 고단한 지난 삶을 들여다보았다. 자식을 가슴에 묻은 한 어머니의 고통과 10명 대가족의 생계를 책임진 가난의 굴레가 칭칭 엉켜 있다. 모든 시간을 온몸으로 받아내던 삶, 그 고단한 시간이 할머니의 몸과 마음에 문신처럼 새겨져 있다. 아버지는 처절했던 할머니의 삶을 생각하는 것만으로도 가슴이 에인다. 아버지는 할머니의 거친

손에 기대어 여기까지 올 수 있었다.

할머니의 삶을 들여보면, 온전히 당신을 위한 것이 하나도 없다. 자신만의 삶을 살았던 시간은 짧았고, 여섯 자식의 부양과 시부모를 봉양하는 데 헌신한 시간이 전부였다. 할머니는 부양과 봉양을 한꺼번에 온몸으로 감당한 마지막 세대다.

사실 인류 역사에서 부양과 봉양만큼, 사람을 사람답게 표현하는 말이 없다고 생각한다. 인류가 세대를 이어가면서 살아가는 인류 연속성의 토대가 여기에 있기 때문이다. 그렇게 중요한 봉양과 부양에 꼭 필요한 것이 바로 경제적 기반이다. 경제적 기반이 없다면, 봉양과 부양이라는 인류의 유전은 잇대어 갈 수 없다. 그 중대한 무게에 짓눌려서 할머니의 손마디는 마른 장작처럼 거칠고 메마르다. 할머니의 가난과 불행은 가히 신화적이었다. 온몸으로 받아낸 그분의 삶에 드리운 가난과 불행은 습기를 가득 머금은 한기처럼, 아버지의 가슴에 스며든다. 아버지는 그분의 남아 있는 시간을 봉양으로 씻어주고 싶다. 그것이 유일하게 할머니에게 아버지가 할 수 있는 봉양이다.

요즘 너희 엄마의 모습에서 할머니가 보인다. 암이라는 병을 견디고 있는 너희 엄마는 불행과 가난을 견뎌낸 할머니처럼 시간을 견디고 있다. 절망에 빠지지 않으려고 발버둥 치고 있다. 사람이 살아가는 것은 한 생명으로서 이 우주를 고스란히 견디는 일이다. 할머니의 고단한 삶만큼이나 너희 엄마의 고단한 노력도 안쓰럽다. 견디고 있는 모습을 바라보면서 이런 생각이 든다. 너희 엄마도 50년이라는 시간을 온전히 여자로서, 두 아들의 엄마로서, 한 남자의 아내로서 애쓰느라 고단했겠구나. 어쩌면 이것이 누군가의 삶을 가까이 바로 본 모습이구나. 가족이라는 것은 삶의 공동체가 아니라 생명의 공동체라고 볼 수 있다. 할머니와 너희 엄마가 하나의 생명으로 겹쳐진다. 이렇듯 근시안 렌즈로 바라본 인생은 다들 힘겹다.

우리는 지금까지 인생의 크레바스에서 삶을 찾아보는 노력을 최소한 해왔고 앞으로도 해나갈 것이다. 아버지는 그동안 크레바스라는 고난에 저항해 왔던 시간을 이 책에 담아냈다. 앞으로 헤쳐나가는 시간도 기록으로 남길 것이다. 너희가 살아가는 데 이 책이 이정표로 남길 바란다.

1장은 '성공하는 인생 법칙'을 담았다. 성공하는 인생을 살기 위한 아버지만의 경험치가 담겨 있다.

2장은 '부자가 되는 돈의 법칙'이다. 돈의 법칙에는 돈의 역할과 속성, 통로를 담았다.

3장은 '경제의 법칙'이다. 부와 성공을 이루기 위해서 현대사회의 바탕인 자본주의 구조를 이해할 수 있는 법칙과 경제 흐름을 이해할 수 있는 지표를 제시했다.

  너희에게 도움이 되는 삶의 법칙을 쓰는 동안에 아버지는 내 안에 잠자고 있던 '인생의 주인으로서 나'를 깨우는 각성을 경험했다. 아버지는 할머니에게 한 사람으로서 세상을 살아가는 경제의 기본 날갯짓을 배웠고, 너희 엄마와 결혼 후에는 한 가족의 가장으로서 경제적 날갯짓을 배웠으며, 너희 둘이 태어난 이후에는 사회의 일원으로서 세상을 살아가는 사회적 날갯짓을 배웠다.

  지금부터 아버지의 삶을 관통했던 세 가지 크레바스를 극복한 과정에 관해 얘기하려고 한다. 귀 기울이기를 바란다.

  사랑한다. 아들아.

차 례

1장

인생의 법칙편

2장

돈의 법칙편

3장

경제의 법칙편

4장

아버지의 당부편

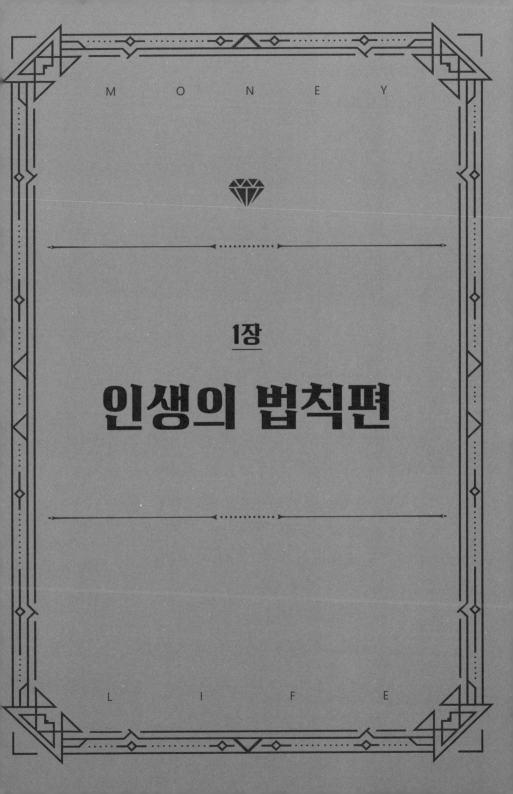

1장

인생의 법칙편

소득의 빙하기가
인생의 크레바스다

소득의 크레바스라는 말이 있다. 직장을 은퇴해서 국민연금을 받기 전까지의 소득 빙하기를 말한다. 크레바스는 본래 소득에 한정된 의미로도 쓰이지만 조금 더 확장할 필요가 있다. 즉, 인생에도 크레바스가 있다. 바로 경제적 재난 또는 육체적 질병으로 삶이 멈춘 인생의 빙하기를 말한다. 이 인생의 크레바스는 삶의 길목 곳곳에 지뢰처럼 숨어 있다. 특히 나이 오십이 지난 이후에는 크레바스가 지뢰밭처럼 널려 있다. 그래서 눈에 보이지 않는 인생의 크레바스를 피할 수 있는 성공 법칙 한두 개는 가지고 있어야 한다.

우선 피할 수 있다면 최대한 피해라. 그러나 어느 순간 발을 헛

딛어 크레바스에 떨어졌더라도 절대로 포기해선 안 된다. 왜냐하면, 모든 인생의 크레바스에는 희망이라는 동아줄이 있기 때문이다. 아버지가 너희에게 말해주고 싶은 '성공하는 인생의 법칙'이 동아줄이 되어줄 것이다.

인생은 100m 단거리 경주가 아니라 42.195km의 마라톤 같은 장거리 경주다. 인생은 길고 지루하므로 꾸준한 체력과 꺾이지 않는 열정이 필요하다. 대부분의 사람은 인생의 반환점까지 잘 달려간다. 인생의 마라톤에서 반환점까지는 고통과 고난이 있지만 그래도 달릴 수 있다. 왜냐하면 젊음이라는 체력과 호기로운 열정으로 저항을 헤쳐나갈 수 있기 때문이다. 하지만 반환점을 돌고 나면 그때부터는 달라진다.

체력은 급격하게 약해지고, 왕성했던 열정마저 소진된다. 인생의 한계에 부딪히게 된다. 그때부터는 인생의 크레바스에 빠질 수가 있다. 이를 피하는 것은 사람의 능력 범위 밖에 있다. 그래서 필요한 건 열정과 체력이다. 다만, 꺾이지 않는 열정과 버티는 체력을 준비하는 일이 만만치 않다.

너희 엄마와 나는, 생의 반환점을 돌다가
인생의 크레바스 안에 갇혀 있다.

아들아, 너희 엄마는 11월에 들어서 머리카락이 거의 다 빠졌다. 흡사 비구니 스님의 머리 모양과 같다. 매끈매끈한 머리에 머리카락이 몇 가닥밖에 없다. 머리에 쓰고 있는 비니가 벗겨진 모습을 보면 가슴이 아프다. 생각보다 항암 치료의 후유증이 지독하다. 아직도 견디고 있는 몇 올의 머리카락, 그것들은 억세게 끈질긴 생명력을 가진 녀석들이다. 마치 보도블록 사이를 뚫고서 생명을 피운 들풀처럼 악착같다. 너는 엄마가 두 번째 항암 치료를 받던 10월 초, 집 안 곳곳에 널브러진 엄마의 머리카락을 주워 담기 바빴다. 머리카락이 집 욕실과 침대, 그리고 거실 여기저기에 흩어져 있었다. 그렇게 11월의 나뭇잎처럼 떨어진 머리카락은 이제 몇 올 안 남아 있다. 다 빠져버린 머리카락처럼, 엄마의 웃음기도 사라지고 없다. 암 치료는 암과의 투병이 아니라 항암 치료와의 투쟁이다.

아버지는 엄마를 대신해 평생 해보지도 않은 가사노동을 하고 있다. 가사노동은 의식주다. 가사노동은 식食에 해당하는 식사 준비와 의衣에 해당하는 세탁, 그리고 주住에 해당하는 청소에 있다. 모두 하나같이 하찮게 보일 수 있는 일들인데, 막상 하려고 하면

소소한 일이 끊임없이 생긴다. 식사를 위해선 밥을 짓고, 국을 끓이고, 밥상을 차리고, 설거지를 한다. 세탁은 빨래의 옷감에 따라 구별해서 세탁기에 넣고, 세탁되면 일일이 옷걸이에 꺼서 건조대에 널었다가, 다 마르면 옷을 하나하나 개서 옷장에 하나씩 넣어야 한다. 청소도 마찬가지다. 화장실부터 거실과 안방, 그리고 너희들 방까지 차례대로 해야 한다. 너희 엄마는 청소에 특히 엄격한 기준을 갖고 있다. 엄마의 기준을 통과할 때까지 아버지는 여러 번 청소를 반복해야 한다.

그때마다 아버지의 마음을 청소가 닦아내고 있는 것을 느낀다. 그런 마음으로 욕실 청소만큼은 특별히 깨끗하게 한다. 물론 너희 엄마는 인정하지 않지만 말이다. 욕실 청소의 백미는 하수구 청소다. 하수구 구멍에 엉켜 있는 머리카락 뭉치를 뜯어내면서 깨달았다. 너희 엄마가 25년 동안 이 힘겨운 청소를 가족을 위해서 묵묵히 해왔구나. 어쩌면 이 가사 노동에는 너희 엄마의 한숨이 서려 있다. 너희 엄마의 빠진 머리카락에는 가사노동의 비애가 담겨 있다.

아들아, 아버지는 지금 가사노동의 신성함을 깨닫고 있다. 가사노동의 공통점은 물을 사용한다는 것이다. 설거지는 그릇에 남아 있는 음식물 찌꺼기를 물이 자기 몸을 더럽혀 깨끗하게 만드는 행위고, 세탁은 물이 옷 속에 있는 이물질 원단 사이를 누비면서 자기 몸으로 빨아들이는 행위다. 거기서 걸레는 물이 원단과 함께 방바닥 때를 흡수하는 살신성인의 역할을 한다. 걸레를 물에 빨고 또다시 방바닥을 깨끗하게 닦는다. 물은 세상의 더러움을 담아내는 성인이 틀림없다. 아버지는 가사노동으로 인생의 법칙을 배우고 있다.

너희 엄마는 우리 집에서 물과 같은 존재이다. 엄마는 25년 동안 물처럼, 우리 집의 온갖 더러움을 자기 몸으로 받아내면서 살아왔다. 엄마의 몸에 쌓인 그 수고가 암이 되어 엄마를 괴롭히는 거다.

아버지는 퇴직으로, 엄마는 암으로 인생의 크레바스 속에 있다. 하지만 우리는 결코 포기한 채 있는 것은 아니다. 그곳에서 벗어나려고 몸부림치고 있다. 이렇게 글을 쓰는 것도 몸부림의 하나다. 엄마와 아버지는 나이 오십을 훌쩍 넘겼다. 그렇지만 나이 오십이 인생의 정점을 지났다는 것만을 의미하는 것은 아니다. 이 내리막은 우리의 또 다른 시작이자, 인생 2막을 준비하는 시간이다.

물론 후회가 없는 것은 아니다. 지금도 1막과의 이별, 마무리, 끝맺음 등 회한과 후회가 밀려온다. 한편으로는 숙제를 미루고 미루다가 마지막 날에 몰려 벼락치기 하듯이 정리하는 마음이다. 그러나 여기에 적어둔 당부는 때늦은 후회와 회한이 아니라 삶의 희망이다. 우리는 그 경험을 너희에게 들려주고 싶다. 너희가 우리의 경험이 담긴 성공하는 인생의 법칙으로, 더 나은 삶을 설계할 수 있기를 바라는 마음이다. 그런 절절한 마음으로 성공하는 인생의 법칙을 정리했다.

사랑한다. 아들아.

결국 행복과 불행은
돈이 좌우한다

1997년 10월 5일, 네 엄마와 아버지가 결혼한 날이다. 25년의 결혼 생활은 때론 행복했고, 때론 힘들었다. 2022년 10월 5일, 25년이 지난 시간을 뒤돌아보고 있다. 그 시간은 생각보다 돈과 관련이 깊다. 더 나아가서 아버지 인생의 54년을 모두 돌이켜보면, 아버지의 인생은 돈의 바탕 위에 세워진 건축물과 같았다.

아들아, 돈 공부는 인생 공부다. 이 말이 맞는지 틀렸는지, 얘기를 다 듣고 난 후 판단하길 바란다. 돈과 연결된 아버지 인생의 변곡점은 유난히 10월과 관련이 깊다.

1997년 10월 5일.

아버지는 결혼하자마자, 돈이 우리 삶에 깊이 연결된 걸 바로 깨달았다. 서울의 동쪽 맨 끝에 있는 고덕동 반지하에서 2500만 원짜리 전세로 신혼살림을 시작했다. 그때 아버지는 부라보콘으로 유명한 해태에 다녔다. 1997년과 해태를 같이 떠올리면 바로 알 수 있는 게 있다. 바로 회사의 부도다. 신혼여행에서 돌아오니 회사가 부도날 수 있다는 흉흉한 소문이 돌았다. 결국 결혼한 지 20여 일이 지난 10월 말, 회사는 부도가 났다. 그때는 눈앞이 캄캄했다. 그런데 이것이 끝이 아니었다. 11월 말에는 국가마저 부도가 났다. 우리는 IMF 외환위기의 한복판에 버려졌다.

신혼 생활은 시작부터 궁핍 그 자체였다. 막 결혼한 신혼살림이라 모은 돈은 한 푼도 없고, 오히려 카드빚만 500만 원이 있었다. 여기에 회사가 부도나서 상여금 없이 기본급 90%로 100만 원도 되지 않는 월급을 받았다. 여기에 나라가 부도나서 다른 일자리를 구하는 것은 꿈조차 꿀 수 없었다. 기업과 국가가 부도이니, 집안 살림도 부도나기 일보 직전이었다. 아, 돈이 정말 중요하구나, 그때 온몸으로 깨달았다. 우리는 이 고난을 이겨낼 타개책이 필요했다. 먼저 너희 엄마가 나에게 제안했다.

"자기야, 어차피 힘든 현실은 피할 수 없잖아, 어쩔 수 없다. 우리 상황은 단기로 해결 불가능하고 장기로 해법을 찾자."

너희 엄마는 10년 장기 전략을 세우자고 했다. 그 전략은 거창한 것이 아니라 아주 간단한 것이었다. 그냥 악착같이 절약하고, 저축해서 10년 안에 종잣돈 2억 4000만 원을 모으자. 이것이 끝이다. 엄마는 일생일대의 명언도 하나 남겼다.

"돈은 뭉쳐야 힘이 있다."

그때 엄마 나이 스물네 살이었다. 그 어린 나이에 이미 '돈은 뭉쳐야 힘을 갖는다'라는 돈의 원리를 깨닫고 있었다니, 지금 생각해도 엄마의 경제 감각은 대단하다. 그리고 그때부터 소득이 작을 때는 10만 원이라도 악착같이 저축하고, 소득 커지면서는 지출을 100만 원으로 묶고, 나머지 돈은 한방에 적금하고, 그렇게 월평균 200만 원씩 10년을 예금해 결국 2억 3000만 원을 만들 수 있었다. 우리는 2007년에 그 종잣돈과 은행에서 대출받은 1억 5000만 원으로 아파트를 매입했다. 그 후로도 10년 단위로 종잣돈을 모으고 투자해서 돈을 불려 나갔다. 우리는 1997년 10월 5일에 2500만 원으로 시작해, 25년이 지난 2022년 10월 20일 현재 자산이 50억 원이 되었다. 아버지는 결혼하고 25년을 살아오면서 가장으로서 온몸으로 현실에 맞서면서 돈의 중요성을 깨달을 수 있었다. 돈은 뭉쳐야 힘이 생긴다. 이 말은 돈의 명언이다. 그래서 젊은 날에 고생이 되더라도 돈을 악착같이 뭉쳐야 한다. 이것이 결혼하고 깨달은 첫 번째 돈의 원리다.

2020년 10월 1일.

아버지는 2020년 10월 1일부로 실업자가 되었다. 퇴직은 한마디로 표현하면 사회적 죽음이다. 아버지는 퇴직을 통해서 삶과 돈이 연결된 것을 깨달았다. 2020년 9월 30일, 25년의 직장 생활을 마감하고 짐을 들고 집으로 왔다. 거리는 추석 전날이라 바리바리 선물꾸러미를 들고 웃음 짓는 사람들로 가득했다. 아버지는 처참했다. 25년 동안 쉬지 않고 일했는데, 왜 아직도 먹고살기 힘든가? 집에 와서 소파에 앉아 TV를 보는데, 이 생각이 머리에서 떠나지 않았다. 그저 무심코 보고 있던 TV 채널을 돌리다가, KBS 쇼 프로그램을 보게 되었다. 2020년 9월 30일, 추석 전날 오후 8시 30분에서 11시 10분까지 방송했던 바로 '대한민국 어게인 나훈아 쇼'였다. 근 3시간인 콘서트를 쥐락펴락하는 나훈아를 보며 생각했다. 출연료도 받지 않는다는데, 저렇게 당당한 모습은 어디서 올까? 아하, 그에겐 저작권 수입이라는 자본소득이 있구나라는 생각을 하게 됐다. 그 쇼를 보면서 내가 왜 힘들고 불안한지 실마리가 잡혔다. 나는 근로소득자였고, 그는 근로소득과 자본소득을 갖추었던 거다. 그 차이가 무섭다는 걸 깨닫고 돈에 관한 공부를 시작했다.

　돈에는 세 가지 통로가 있다. 근로소득, 사업소득, 자본소득이다. 근로소득은 노동을 제공하고 돈을 버는 소득이고, 사업소득은 사업을 통해서 돈을 버는 소득이고, 자본소득은 자본을 통해서 돈을 버는 소득이다. 아버지는 뒤늦게 퇴직으로 근로소득에서 사업소득 또는 자본소득으로 전환하게 되었다는 걸 깨달았다. 그리고 소득은 다 때가 있다는 걸 알았다.

　첫째, 20~30대 청년기는 근로소득에 집중하는 시기다. 청년기에 비로소 돈 버는 원리를 처음으로 배울 수 있다. 이 시기에 생기는 고정적인 월급으로 종잣돈을 모으는 원리를 깨우쳐야 적은 돈이 쌓여 큰돈이 되는 원리를 배울 수 있다. 직장은 돈을 받고 배움을 가지는 곳이다. 이 시기에 근로소득의 원리를 알아야 40대 중반 이후 비로소 사업에 뛰어들 수 있다.

　둘째, 40~50대 장년기는 사업소득에 집중하는 시기다. 직장에서 익힌 노동의 원리를 토대로 비로소 사업을 펼쳐 나가는 시기다. 이 시기는 가장 위험한 때고, 그래서 가장 수입이 높을 때이기도 하다. 이때 명심할 것은 자기 자본만 가지고 생계형 창업을 하는 것은 위험하다는 것이다. 핵심은 남의 돈을 투자받아서 법인으로 주식회사를 설립하는 데 있다. 40대 중반에 사업소득을 버는 길로 뛰어드는 것이 현명하다. 그리고 근로소득을 버는 시기에 꼭 사업소득을 준비해두어야 한다.

셋째, 60대 이상 노년기는 자본소득에 집중하는 시기이다. 몸과 뇌의 수준에 맞추어 노년의 삶을 살아가야 한다. 노년기에는 지나치게 몸을 쓰거나 머리를 쓰는 것이 자칫 화를 부를 수 있다. 몸과 머리가 아니라 돈이 힘을 쓰는 시기다. 이 시기에는 목돈이 있어야 한다.

이렇게 소득도 다 때가 있다. 때에 맞추어야 인생이 힘들지 않다.

2020년 10월 1일, 아버지는 퇴직으로 코로나19 팬데믹 한가운데 버려지고 나서야 이 소득의 원리를 깨닫게 되었다. 그러나 한편으로는 그 퇴직이 근로소득에서 벗어나 사업소득과 자본소득으로의 전환점이 되었다. 지금은 작가로서 문화자본 소득을 벌고, 정스토리연구소에서 강연과 컨설팅으로 사업소득을 벌고 있다.

2022년 10월 5일.

아버지는 지금의 경제 상황이 무섭다. 아버지가 겪었던 1997년도 IMF 외환위기의 10월과 너무도 비슷하다. 시금치값, 경웃값 등 물가는 이미 올랐고, 환율도 1달러에 1450원까지 올랐다. 금리도 왕창 올린다고 한다. 반대로 일자리는 사라지고, 월급은 깎이고 있다. 호황기에는 돈이 사치로서 욕망의 존재였다면, 지금부터 시작되는 불황기에 돈은 생존으로서 생계에 더욱 연결될 것이다.

경제가 어려워지면 그때부터 돈과 불행이 더욱 끈적끈적하게 연결된다. 가난에서 벗어나야 하는 이유이다. 가난 속에서 인생의 행복을 찾기는 쉽지 않다. 그래서 가난에 빠지지 않게 돈 공부가 필요하다. 돈 공부가 곧 세상 공부이고, 인생 공부이다. 경제적 고난의 시대일수록 돈 공부를 해야 한다. 왜냐하면, 고난의 순간에 돈이 우리 삶을 지탱해주기 때문이다. 그런 돈을 존중하고, 사랑해주어야만 우리에게 다가온다. 돈을 사랑하는 방법은 돈의 흐름을 이해하는 데 있다.

요즘 뉴스에서 경제 환경을 '고물가, 고금리, 고환율' 3고의 시대로 표현하고 있다. 먼저 고물가는 물건의 가치는 그대로인데, 물건값만 올라간다는 말이다. 고금리는 돈의 가치가 떨어져서 강

아들아, 돈 공부는 인생 공부였다

제로 돈의 가치를 올리는 정책을 말한다. 고환율은 달러 대비 원화의 가치가 떨어졌다는 뜻이다. 한마디로 '우리나라 돈의 가치가 떨어졌다'는 뜻이다. 그 원인은 다양하지만 시중에 돈이 많기 때문이다.

2020년 팬데믹으로 세계 각국은 경기 부양을 위해 돈을 어마어마하게 풀었다. 그렇게 넘쳐난 돈이 주가를 상승시키고, 집값을 상승시키고, 지금은 재화와 서비스값까지 상승시켰다. 돈의 가치는 이미 바닥으로 떨어졌다. 은행은 돈의 가치 수호자다. 그래서 중앙은행은 기준 금리를 올리는 통화 긴축정책을 시작하는 거다. 지금부터 우리는 고금리의 시대를 살아가게 된다. 고금리 시대는 돈을 가진 사람에게 천국이지만, 돈이 없는 사람에게는 지옥이다.

우리의 평균 수명은 83세다. 이 83년 인생의 어느 한순간도 지옥이 되지 않기 위해서는 매 순간 삶이 위협받지 않을 돈이 있어야 한다. 그래도 아버지는 돈 공부를 해서 물가와 금리, 환율 간의 상관관계가 눈에 보인다. 이 고금리의 경착륙이 경제적 재난이 되지 않도록, 최악의 상황을 피할 준비를 했다. 경제 위기의 태풍에 뿌리째 흔들리지 않을 정도의 경제 기반을 마련한 것이다. 이것은 돈과 경제 공부 덕분이다.

사랑한다. 아들아.

나이 오십은
인생의 크레바스다

김훈 작가는 일흔넷에 '어떻게 죽을 것인가'라는 조선일보 칼럼에서 삶의 무거움과 죽음의 가벼움에 관해 말했다. 이제 아버지는 그분의 글을 어림짐작이라도 할 수 있는 나이가 되었다. 나이 오십이 되니 분명 그전에 부둥켜안고 있던 인생의 관점이 변하기 시작했다. 결국 인간의 죽음은 당연한 것이고, 남은 삶의 하중을 버티어내야 잘 살아갈 수 있다고 생각하게 되었다. 그럼에도 점점 일상에 불편한 진실들이 몸과 마음에 부딪힌다.

아들아, 돈 공부는 인생 공부였다

첫째, 사람과 사람의 사이에 놓인 관계의 끈이
점차 헐렁하게 풀어진다.

아버지의 스마트폰 브랜드는 애플이다. 이 스마트폰의 전화벨 소리는 '해변가'라는 멜로디로 설정해두었다. 문자가 오면 '띵동' 하고 기계음이 울린다. 나이 오십이 넘어서는 '해변가'가 울리는 횟수가 급격하게 줄어들었다. 문자가 오면 울리는 띵동 소리도 하루에 대여섯 번 울리는 것이 전부다.

더 서러운 것은 문자마저도 대부분은 '[Web 발신] 긴급! 고수익 보장'이라고 시작하는 투자 안내 스팸들이다. 스팸 문자마저 없으면 이 소통의 기계는 유튜브 시청, 주변 맛집 검색, 페이스북이나 인스타그램을 확인하는 기기로만 사용될 것이다. 그러다가 어느 날에는 지인의 이름이 뜬 화면과 함께 '띵동' 소리가 난다. 그런데 서글프게도 그 문자는 죽음의 소식을 전하는 내용이다. 부친의 죽음, 모친의 죽음, 장인의 죽음, 장모의 죽음, 그리고 어느 때는 본인의 죽음마저 본인의 스마트폰 전화번호로 날아온다.

아버지는 부고 문자를 받으면 위로 문자와 함께 계좌이체로 조의금을 보낸다. 코로나19로 인한 사회적 거리두기 때문이다. 더 이상 사람과 사람 사이의 관계는 얼굴과 얼굴을 맞대는 일이 없어지고 있다.

나이 오십부터는 그래서 각자도생各自圖生의 시기라고 한다. 여기서 도생圖生은 살길을 찾는 '생'이 아니라 생활生活을 각자가 스스로 알아서 도모하는 '도생'이다. 각자 알아서 하루의 일상을 살아가야만 하는 삶이 바로 나이 오십에 만난 불편한 진실이다. 아버지는 오늘도 각자도생하고 있다.

둘째, 몸이 헐거워져 생활이 불편해진다.

너희 엄마는 2022년 8월 4일 유방암 수술을 받았다. 엄마의 몸에 암 종양이라는 몹쓸 병이 자라고 있었다. 엄마가 입원한 치료 병동은 보호자 출입도 되지 않는다. 아버지는 입원 수속과 퇴원 수속만 해줬다. 제1 보호자인 아버지는, 입원과 퇴원 이외에는 아무것도 해줄 수가 없었다.

지금도 엄마가 병원에 있는 모습이 눈에 선하다. 병원에 입원하면서 7층 병동으로 올라가는 불안한 뒷모습, 퇴원할 때 엘리베이터가 열리자 나타난 초라한 앞모습.

엄마는 6개월 정도 집중 항암 치료를 해야 한다. 항암 치료는 암세포를 죽이는 약물 치료다. 항암 치료의 약물이 꼭 암세포만을 죽이는 것이 아니다. 모발 세포를 죽이기도 하고, 위 세포를 죽이기도, 백혈구를 죽이기도 한다. 그래서 항암 치료를 하면 머리가 빠지고, 구토를 한다. 그리고 백혈구가 죽어서 면역력이 떨어지게 되면 다른 질병에 감염될 수도 있다.

엄마가 아버지에게 말했다.

"내가 얻은 암이라는 병이 분명 고난이지만, 어쩌면 선물일 수도 있다고 여기고 싶어."

나이 오십이 되면 서서히 이런 불편한 것들을 감당할 수밖에 없는 거구나, 하는 표정이었다. 엄마의 말대로 나이 오십이 되면, 몸과 마음이 헐거워져서 불편한 일들이 생겨난다.

병은 몸의 면역 체계가 허술해지면서 생긴다고 한다. 나이 오십에 겪은 불편한 진실에는 병으로 인한 불편함과 그 여파가 만들어낸 일상의 불편함이 있다.

아버지는 오늘 아침에도 엄마에게 가오리 미역국에 밥 반 공기를 차려주고 사무실에 나왔다. 점점 몸이 헐거워지고 일상이 불편해진다.

셋째, 사회인으로의 나, 가장으로서의 나, 남자로서의 나라는 존재가 점점 작아진다.

하루에도 몇 번씩 지나간 일들이 밀물처럼 마음을 휩쓸고 간다. 때로는 자책이 되기도 하고, 때로는 원망이 되기도 하다가, 결국에는 삶 자체가 부질없는 것이라는 염세주의로 결론이 나기도 한다. 어떨 때는 하루의 열정이 썰물처럼 빠져나가서 숨쉬기조차 귀찮을 때가 있다. 무기력. 그 안에서 아무것도 못 하고 허우적거린다. 아직 다가오지 않는 내일이 죽음처럼 어둡게 스며들기까지 하는구나. 요즘 온갖 불행이 발생할 경우의 수를 산정하고, 지우길 반복한다. 삶과 죽음의 경계가 종잇장처럼 얇은 것이 아닐까, 생각하고 있다. 나이 오십이 되니 마음이 모래알처럼 작아지는 것은 어쩔 수 없다.

요즘은 거울을 보면 돌아가신 내 아버지의 모습이 보인다. 초라한 노인이 된 아버지의 모습이다. 정년 퇴임 후 아버지는 갑자기 노인이 되었다. 퇴임 전에는 중년의 모습이었다면, 퇴임 후에는 노인의 모습으로 급격하게 변했다. 그때부터 당당한 모습은 사라지고 점점 위축된 채 아버지는 말씀이 없어지셨다. 요즘 나도 너희에게 말이 없어진다.

너희는 낮과 밤을 거꾸로 살고 있다. 예전 같으면 규칙적인 생활을 하라고 한마디 했을 텐데, 지금은 아무 말도 하지 않는다. 사회적 존재로서의 나, 한 가정에서 가장으로서의 나, 남자로서의 나, 이 모든 '나'가 왜 이렇게 작게 보이는지. 이마저도 나이 오십이 되었기 때문일까? 얼마나 더 작아져야 하는가. 오늘도 그 초라한 감정에서 벗어나기 위해서 글을 쓰고 있다. 아버지는 사회인보다, 가장보다, 남자보다, 이제는 사람으로서의 '나'로 가고 있는 것만 같다.

아들아, 오십이 되면 세 가지 불편한 진실을 마주하게 된다. 인생은 각자도생하는 혼자라는 개별성과 마주해야 하고, 점차 쇠약해지는 육신으로 짊어질 생활의 불편을 감수해야 하고, 지위와 역할이 아닌 오로지 사람으로서의 나의 존재감의 부재를 받아들여야 한다.

아버지는 할아버지를 화장하고 돌아오는 길에 인생의 하찮음을 깨달았다. 화장 후에 남겨진 할아버지의 뼛가루를 보면서 말이다. 어쩌면 이마저도 벗어나야 할 삶의 무게일지도 모른다. 이제는 죽음의 무거움에서 벗어나 인생을 가볍게 마주할 수 있기를 바란다. 오십이 되니 죽음에 기대어 삶의 가벼움을 이해함으로써 삶의 무거움을 조금이라도 덜어내고 있다. 하지만 생각했던 것보다 삶이 조금씩 불편하고 무거워진다. 아버지는 오십에 만난 이 불편한 진실을 조금은 가볍게 받아들이고 살아가려 한다. 이것이 인생의 원리가 아닐까? 그렇다고 믿고 싶다.

　　사랑한다. 아들아.

인생은
정답이 아니라 과정이다

누구에게나 인생은 처음이라 흔들리면서 나아간다. 처음부터 정답을 가지고 살아갈 수는 없다. 아버지는 요즘, 오직 오늘 단 하루만 보고 살아간다. 아침에 거울을 바라보면서 스스로에게 외친다. 하루만 바라보고 사는 것이 최선이다. 삶에서 최선이란 다 지나버린 어제에 매달리지 않고, 아직 오지도 않는 내일에 전전긍긍하지 않고, 오로지 오늘만 보고 사는 것이다. 그런데 이런 삶의 깊은 의미는 평범한 일상에서 쉽게 깨닫지 못한다. 보통은 고된 시련을 경험함으로써 오늘의 중요성을 깨닫게 된다.

아버지는 요즘 스스로에게 질문한다. 일상을 되돌아보는 인생 질문이다.

"너 행복해?"

이 질문에 생각이 복잡하게 얽히면서 끝내 대답은 하지 못했다. 어쩌면 마음을 다스리는 노력에도 불구하고 행복은 고사하고 편안에 이르지도 못한 것 같다. 이런 이유는 엄마와의 갈등도 한 몫하고 있다. 요즘 엄마는 아버지가 다시 취직하기를 바란다. 작가로서 살아가는 모습이 불안해 보인다고 한다. 아직도 안정적인 직장에서 꼬박꼬박 벌어다 주는 월급으로 살아가길 원한다. 직장을 다닐 수 있을 때까지는 다니라는 말이다. 그것이 60세가 될지, 65세가 될지는 모르지만, 안정적인 직장에서 돈을 벌 수 있는 때까지 벌라고 요구한다. 물론 프리랜서는 안정성이 떨어진다. 그래도 엄마의 요구에는 솔직히 화가 난다. 때로는 이러면 안 되는데, 본인의 입장만을 내세우는 게 이기적이라는 생각마저 들기까지 한다.

어쨌든 아버지는 취직을 위한 지원서를 작성했다. 그러면서 다시 한번 느꼈다. 지금의 대한민국 사회는 나이 오십이 넘어서는 노동으로 안정적인 밥벌이가 힘든 구조구나. 자격 요건이라는 장벽을 뚫고 들어가기도 어렵고, 자격 요건을 넘더라도 면접이라는 더 견고한 장벽이 기다리고 있다. 그 장벽 앞에서 또 한 번 절망을 경험한다. 이 사회는 '갑'과 '을'로 양분화된 사회다. 회사는 갑이고 근로자는 을이다. 취업 시장에서는 입사지원서를 내는 순간부터 '을'이고, 취업의 벽을 넘어 직원이 되어도 '을'이고, 결국 마지막에도 '을'로 쫓겨난다. '을'의 인생. 엄마는 그 '을'의 인생을 몇 년 더 하라고 요구한다.

아들아, 2020년에 퇴직하고 나서 작가로 살아왔던 지난 2년이 아버지 인생에서 가장 행복한 시간이었다. 그 시간을 뒤로하고 다시 직원으로 살아가려고 하니, 시작부터 마음이 갑갑하다. 물론 엄마의 요구도 충분히 설득력이 있다. 지금 나이가 55세니, 지금부터 길게는 10년, 짧게는 5년 정도라도 직원으로 살아가라는 말이다. 어쩌면 마지막 남아 있는 안정적인 근로소득의 기회가 지금일 수 있다. 지금은 그 기회를 살리고, 작가의 삶은 그 이후에 해도 충분하다는 것이다. 엄마의 말은 가정이라는 공동체만을 생각하면 올바른 판단이다. 하지만 아버지도 가장이기 이전에 개인이다. 아버지의 삶은 고려되지 않았다. 평균 수명을 산다고 치면, 아버지에게 남아 있는 시간은 30년이고, 엄마에게 남아 있는 시간은 40년이다. 그중에 3분의 1인 10년을 직원으로, 그저 안정적인 소득의 우산 아래에 있겠다는 일념으로 버티면서 사는 것이 맞을까?

물론 엄마의 주장에도 이유가 있다. 9월부터 받은 항암 치료로 다니던 직장을 그만두었고, 집과 병원을 오가며 투병 생활에만 묶인 생활이 그녀의 불안을 키웠다. 엄마는 암 진단 이전에는 작가로서 살아가는 아버지를 열렬하게 지지했다. 하지만 암 투병을 시작하고서는 생각의 갈래가 바뀐 거다. 둘이서 하루 종일 같이 붙어 있다 보니 이런저런 부딪치는 부분도 많아지고, 곳간의 곶감을 빼먹듯이 있는 돈을 그저 쓰기만 하는 현실이 갑갑해서 그런 거다. 엄마는 25년 동안 통장에 꽂히던 정기적인 월급에 길들여진 사람이다. 지금 내 수입은 비정기적이다. 인세는 1년에 2월과 8월 두 번 나오고, 강연 수입은 퐁당퐁당 생긴다. 엄마는 이런 소득 구조를 못마땅하게 여긴다.

"자기는 능력과 나이로 최소한 5년 이상 일할 수 있잖아, 그렇게 해줬으면 좋겠다."

엄마가 애원하듯이 말한다. 아버지는 개인의 행복과 가족의 평안 틈에 끼였다. 다시 직원으로 살아갈 것인가? 지금 이대로 프리랜서로 살아갈 것인가? 선택 앞에 서 있다.

아들아, 삶에는 행복과 불행을 가려내는 정산 공식은 따로 없다. 설령 있다고 해도, 우리의 마음은 객관적인 정산을 해낼 수 없다. 우리 마음은 얻은 것보다 빼앗긴 것에 집착한다. 아무리 객관적이고 정확한 결괏값이라도 인정하지 못한다. 다만, 한 번이라도 인생의 어느 시점에선 잃어버린 것과 얻은 것을 정산할 필요가 있다. 객관이라는 시선으로 행복과 불행을 분류해보았다. 불행이 우리에게 가르쳐 준 깨달음은 의외로 세 가지나 되었다.

첫째, 불행에 대응하는 수비력이 늘었다.

위기는 평온했던 삶에 불안을 덮어씌운다. 행복과 불행은 서로 하나의 얇은 경계밖에 없다. 우리는 너무 쉽게 불행의 그늘에 그저 주저앉는다. 맞서 싸우면서 불행에 대응하는 수비력을 키워야 하는데 말이다. 위기는 우리에게 알 수 없는 적과 맞서는 법을 가르쳐 준다.

둘째, 고독과 고통을 버티는 인내력이 늘었다.

불행은 우리 몸에 고통과 더불어 삶의 의지를 앗아간다. 육체적 고통을 버티다가, 결국에는 무기력하게 불행 앞에서 무너진다. 희망만이 그것을 버틸 수 있도록 지켜준다. 그저 고통에 무너지는 것이나, 나아가 싸우는 것 모두 시간을 견디는 일이다. 그 인내력으로 하루가 1주일이 되고, 1주일이 1개월이 되고 1년이 되면서 인생을 채워 가는 것이다.

셋째, 시간과 싸우는 투쟁 정신을 키웠다.

나이가 들어가면서 불행이 우리의 일상에 어떤 모습으로 찾아 오는지 알았다. 그리고 그 불행의 시간 또한 시간이 흐르면 지나간다는 것을 알았다. 비로소 시간을 기다리는 법을 배우게 되었다. 우리는 인생에서 누구나 불행의 시간을 견디면서 시간과 투쟁하는 법을 배우고 있다.

불행에 대응하는 수비력과 고통을 버티는 인내력, 그리고 시간과 싸우는 투쟁 능력이 바로 삶의 선물이다. 우리는 인생의 크레바스의 선물값을 치러야 한다. 다만, 평균 정도의 시간 안에 고통스러운 선물의 역할이 끝나길 바란다. 나이 오십이 넘으면 불행은 이미 삶의 상수가 된다. 지금부터는 그 삶의 상수를 삶의 선물로써 받아들이는 과정이라고 생각할 것이다.

아들아, 돈 공부는 인생 공부였다

요즘 아버지와 엄마는 깊게 잠을 자지 못한다. 어젯밤에도 엄마는 새벽에 깨어났다. 그리고 뜬금없이 아버지에게 말했다.

"이번 기회에 내가 살아온 시간을 되돌아볼 거야. 지금 당장은 힘들지만 그래도 괜찮아. 조금 나아가면 되는 거지."

아들아, 우리는 인생의 크레바스를 벗어나 튼튼한 삶의 토대를 만들 수 있다. 삶의 태도를 바꾸는 순간 그렇게 나아가게 된다. 삶의 모든 사건은 불행이 아니라 그저 인생의 과정일 뿐이다. 인생에는 정답이 없다. 다만 과정이 있을 뿐이다.

사랑한다. 아들아.

사회의 크레바스가
더욱더 치명적이다

숫자로 보이는 세상이 인생의 전부가 아니다. 숫자를 볼 때는 실체를 파악할 수 있어야 한다. 100명이 죽은 대형 참사는 100명의 죽음이라는 하나의 불행이 아니라, 한 사람 한 사람의 개별적 불행이 모인 100가지의 불행이다. 한 사람 한 사람의 불행으로 들어갈 수 있어야만 불행의 원인을 파악할 수 있다. 그렇다. 100명의 불행은 100가지의 불행이다.

누구나 인생에서 재해, 재앙, 재난을 만나게 된다. 물론 피할 수 있다면 피해야 한다. 그러나 피하지 못하고 참사를 당하는 일이 생길 수 있다. 아버지는 재해 희생자의 가족으로 살아가는 것이 어떠한 고통인지 잘 알고 있다. 그래서 더욱 사회적 참사가 발생하지 않기를 바란다.

재해, 재앙, 재난이라는 말은 다 비슷비슷한 말인데, 약간의 차이가 있다. 먼저 재해는 이상적인 자연 현상 또는 인위적인 사고가 원인이 되어 사회와 경제에 피해가 일어나는 것을 말한다. 재앙은 뜻하지 않게 생긴 불행한 변고 또는 천재지변으로 인한 불행한 사고를 말한다. 그리고 재난은 사전적으로는 뜻밖에 일어난 고난을 말한다.

세부적으로 들어가면 재난은 법률적으로 국민의 생명·신체 및 재산과 국가에 피해를 주거나, 줄 수 있는 것으로 나누어져 있다. 자연적 재난과 사회적 재난이 그것이다. 재해와 재앙은 사회적 통제권 밖에 있고, 재난은 사회적 통제권 안에 있다고 볼 수 있다. 국가와 사회는 재난을 통제하기 위한 법과 제도, 행정 시스템을 갖추고 있어야 한다.

재난의 말뜻은 라틴어에서 유래한 것으로 '하늘로부터 비롯된 인간의 통제가 불가능한 해로운 영향'을 의미한다. 그래서 Disaster의 어원은 별의 불길한 모습을 상징한다. 과거에 재난은 홍수나 지진과 같은 대규모 자연 재난을 지칭하는 것이었다. 하지만 대도시가 생겨나면서 인위적인 대규모 사고의 결과가 자연적 재난을 능가함에 따라 자연적 재난과 사회적 재난을 포괄하는 개념으로 사용되고 있다. 재난은 정부의 일상적인 절차나 지원을 통해 관리될 수 없는 심각한 대규모 사망자나 부상자, 재산 손실이 발생하며 예측 가능성이 없이 갑작스럽게 발생한다. 그래서 재난은 경제적 이기심과 경제적 무능이 불러오는 최악의 사고다. 자연적 재난이든 사회적 재난이든, 재난 속에는 모두 경제적 문제를 안고 있다.

아들아, 이렇게 길게 재난을 설명하는 이유가 있다. 재난은 가장 치명적인 사회의 크레바스기 때문이다. 지금부터 사회적 크레바스라는 관점으로 현대사에서 일어났던 대표적인 재난 세 가지를 살펴보겠다. 대형 참사는 되짚어보는 것 자체가 상처를 헤집는 아픔이지만, 우리는 그 속에 웅크리고 있는 어둠의 본질을 깨우칠 필요가 있다.

첫째, 경제적 이기심이 만든 비극, 삼풍백화점 붕괴 참사다.

1995년 6월 29일 오후 5시 52분경, 서울시 서초구 서초동에 있는 삼풍백화점이 갑자기 붕괴하여 1000여 명 이상의 종업원과 고객이 죽거나 다쳤다. 그 원인은 부실 공사였다. 부실 공사의 원인은 다중 이용 시설인 백화점을 불법 증축하고, 대형 건축물의 안전 관리에 소홀했기 때문이었다. 그렇다면 왜 부실 공사와 관리 소홀의 부패가 발생했을까? 인간이 가진 어두운 측면인 사적 이기심이 극대화되었기 때문이다.

인간의 이기심은 밝은 측면에서 경제 행위가 일어나는 동기로서 역할을 하기도 한다. 애덤 스미스는 우리가 맛있는 빵과 고기를 먹을 수 있는 것은 푸줏간과 빵집 주인의 돈을 벌겠다는 사적 이기심에 의해서 가능해졌다고 했다. 즉, 이기심을 경제 행위의 동기로 보고, 경제 행위는 국가의 개입이 '보이지 않는 손'에 의해 이루어지는 것으로 보았던 거다. 그래서 밝은 측면에서의 이기심과 보이지 않는 손이 국가의 부를 늘려서 다수가 혜택받는 공공 복지를 증진하는 역할을 한다는 것이다.

애덤 스미스의 경제 이론은 균형 감각과 완전 경쟁이라는 경제 질서가 유지될 때는 적합하다. 하지만 삼풍백화점의 붕괴처럼, 이기심만 극대화되고 완전 경쟁의 경제 질서가 지켜지지 않을 때는 대형 참사가 일어난다. 삼풍백화점을 경제 관점에서 보면, 극단적 이기심의 폭력성과 방치된 완전 경쟁이 빚어낸 참사다. 이 사회적 재난은 경제 재난이다.

둘째, 통합적 재난 시스템의 부재가 만든 비극, 4·16 세월호 참사다.

세월호 참사는 2014년 4월 16일, 인천에서 제주로 향하던 여객선이 진도 인근 해상에서 침몰하면서 승객 304명이 사망한 대형 참사였다. 무리한 선체 증축과 화물 과적으로 위험한 사적 이익을 추구했던 경제적 이기심과 위험한 해상 운송이 주는 싼 비용을 찾았던 경제적 실용주의가 만든 참사다.

경제적 불평등은 때로는 빈자를 사회적 안전망 밖으로 내몰기도 한다. 국가의 통제 시스템이 붕괴하면, 경제적 불평등은 사회적 약자를 재난으로 내몰아간다. 세월호 참사는 사회적 안전망에서 벗어난 경제적 궁핍이 어떻게 재난에 노출되는지 너무도 적나라하게 보여준다. 그래서 더욱 가슴 아프고 쓰리다.

무전유죄 유전무죄라는 말이 있다. 서울 올림픽이 끝난 직후 그해 10월 8일 영등포 교도소에서 공주교도소로 이송되던 죄수들이 탈출하여 서울 시내로 잠입했다. 그들은 흉악범이 아니라 잡범이었는데, 보호감호제 때문에 징역형을 마치고도 보호감호처분을 받아야 했다. 500만 원 절도를 저지른 잡범은 형기가 긴데, 자기들보다 큰 금액을 횡령한 대통령 동생은 형기가 더 짧다는 불만에서 시작된 탈출이었다. 그들 중에는 '지강헌'이라는 죄수가 있었다. 그가 마지막에 총구를 머리에 겨누고 세상을 향해 외쳤던 말이다.

"무전유죄 유전무죄."

아버지는 20대 초반에 그 장면을 TV로 직접 보았다. 경제적 불평등은 얼마나 기괴한 모습을 하고 있는지, 이 사회의 민낯이 얼마나 악마인지 알게 되었다. 세월호 참사는 그 경제적 불평등이 만들어낸 어둠이었다. 여기에 경제적 불평등을 악의적으로 이용하는 세력까지 있었다. '세월호 참사'는 무전유죄 유전무죄의 경제적 불평등을 보여주는 참사였다. 경제적 불평등과 정치적 무능은 우리 사회질서의 붕괴를 가져온다. 사회의 크레바스가 유전과 무전 사이에 있다.

셋째, 재난 시스템의 부재가 빚은 비극, 이태원 참사다.

이태원 참사는 정치적 무능의 선택이 가져온 최악의 참사다. 우리는 매일 경제적 선택을 해야 한다. 국가도 마찬가지다. 개인이든 국가든 선택하면서 포기해야 하는 가치를 생각해야 한다.

이것을 경제학에서는 '기회비용'이라고 한다. 국가는 국민의 안정과 정권의 안정이라는 선택지 중에서 정권의 안정 추구를 선택했고, 그렇게 국민의 안정은 기회비용이 되었다. 기회비용으로 버려진 핼러윈의 이태원 거리에서 대형 참사가 일어났다.

국민의 안전은 결코 선택 사항이 아니다. 국민의 안전은 기회비용이 아니다. 너희가 국민의 안전이 최우선인 사회에서 살아가길 바라는 마음으로, 아버지는 외치고 있다. 경제학적 관점에서 보면 이태원 참사의 핵심은 선택의 실패다. 그 선택의 중심에 있었던 모든 사람은 참사의 피의자다. 그들은 피의자로서 벌을 받아야 한다. 무능한 선택으로 참사를 만든 대가를 받아야 한다.

재난은 경제적 불평등과 정치적 무능, 그리고 사회의 안전 불감증 위에서 일어난다. 경제인이 사적 이익에만 매달리고, 정치인이 사적 권력에만 치중하고, 관료들이 자리보전에 눈이 멀면 이 사회의 안전망은 재난으로 가게 된다.

아들아, 재난의 원인을 따지기에 앞서 이 말을 명심해라. 100명의 불행은 하나의 불행이 아니라 한 사람의 개별적 불행이 하나하나 모인 100가지의 불행이다. 그래서 아버지는 사회의 크레바스가 더 치명적이라고 말하고 싶다.

너희들이 살아가는 세상에는 더 이상 참사가 없기를 기도하고
있다.

사랑한다. 아들아.

재난에서
벗어나는 방법

'큰 실수는 굵은 밧줄처럼 여러 겹의 섬유로 만들어진다.'

프랑스의 위대한 대문호 빅토르 위고는 그의 저서 《레미제라 블》에서 재난의 모습을 이렇게 묘사했다. 재난은 여러 겹의 섬유 로 만든 밧줄과 같고, 섬유의 직조 방식처럼 여러 겹으로 꼬아져 재난에 이르게 된다. 300개의 작은 실수로 실타래가 꼬이고, 29개 의 중간 실수로 나머지 실타래가 마저 꼬이면 큰 실수가 일어난 다. 미국의 보험회사 직원이었던 허버트 윌리엄 하인리히는 '하인

아들아, 돈 공부는 인생 공부였다

리히의 법칙'에서 대형 사고가 일어나는 과정을 이렇게 설명했다.

'재난은 여러 겹의 실수가 엮여서 일어나는 경우가 대부분이다.'

2022년 8월 9일에 수도권 일대의 집중 호우 피해를 보면서 재난이 일어나는 과정을 알 수 있었다. 먼저 의문을 하나 던지고 얘기를 시작하려고 한다.

아버지는 이번 수해가 과연 천재지변에 의한 재해인지 아니면 사람들의 과실에 의한 인재인지 묻고 싶다. 만약에 천재지변이 아니고 인재라고 결론을 짓는다면, 이번 재난에 대처했던 국가 차원의 대비가 인재라고 할 수 있는지를 살피고 싶다. 또한 개인적 차원에서 어떤 대비가 부족했기에 불행으로 이어지는 인재가 되었는지도 짚어보고 싶다.

아들아, 슬프게도 재해마저 이중적이다. 재해는 부자에게 가벼운 생채기를 남기지만, 가난한 사람에게는 죽음에 이르는 상처가 된다는 점이 너무도 안타깝다. 우리 삶에 일어나는 사소한 작동 원리도 힘의 논리를 따른다. 재해도, 가난도, 운명도, 성공도 그렇다. 대부분의 작동 방식이 비슷비슷하다. 늘 그렇듯, 힘을 중심으로 가진 자가 전체의 대부분을 가져가는 방식으로 작동되고 있다.

신림동의 반지하 수해는 재난의 어두운 면을 다 보여준다. '엄마 문이 안 열려'라는 핸드폰 너머의 목소리가 이렇게 절박한 언어가 되기도 한다. 저지대에서 수해는 재해의 이중성을 보여주는 대표적인 사례다. 재난은 다른 지대보다 낮은 저지대에서 주로 일어났다. 재난은 늘 낮고 습한 곳에서 피어나는 곰팡이와 같다.

8월 9일 신림동의 저지대에는 지난밤의 폭우가 가져다준 도시 생활의 쓰레기들로 가득했다. 8월 8일 깜깜한 저녁, 신림동 반지하 주택으로 빗물이 쏟아졌다. 저지대인 반지하에 살고 있던 일가족 세 명이 사망했다. 그리고 8월 9일 대낮에는 마치 폭우의 빗물이 몰아치듯 사람들이 몰려들었다. 119구조대원 본부장, 본청의 고위 경찰, 언론사 기자들, 그리고 구청장, 특별시장과 대통령. 그들을 수행하는 거대한 무리가 보이지 않는 곳에서 일사불란하게 움직였다. 폭우暴雨가 휩쓸고 간 자리에, 다시 폭인暴人이 들이치고 있었다. 폭우가 휩쓴 자리엔 신발, 이불, 젖은 옷가지와 가재도구 등이 널브러져 있었고, 그 위에서 그들은 피해 상황을 보고하고 피해 대책을 의논하고, 또 사진을 찍고 있었다. 여기저기서 카메라 셔터가 터지는 소리와 함께 떼거리로 몰려든 무리가 떠드는 말들이 웅성거렸다. 신림동 반지하촌 앞은 폭우의 물난리와 몰려든 사람들로 난장판이 되었다.

가난의 무게가 버겁다. 자연재해마저도, 이 가난한 사람들에게 유독 더 잔인하게 굴었다. 8월 8일 저녁, 그 지역에 쏟아진 빗물은 종합운동장 몇 개를 가득 채울 수 있는 양이었다. 빗물이 너무 많아서 하수구로 땅속으로 하천으로 흩어지지 못했다.

자연의 중력 법칙으로 빗물은 아래로 흘러갔고, 낮은 곳으로, 더 낮은 곳에 그렇게 몰려갔다. 마침내 가장 낮은 곳에 이르러 댐의 물처럼 쌓여갔다. 저지대의 가장 낮은 곳의 반지하는 삽시간에 빗물이 가득 차 버렸다. 그렇게 빗물로 꽉 채워져서 집안에 갇혔다.

"왜 미리 대피가 안 됐나?"

이 물음은 물음이 아니고, 물음이 될 수도 없는 물음이다. 죽음을 목전에 두고, 대피하고 싶지 않은 사람이 어디 있겠는가? 재난을 경험한 사람들은 알고 있다. 재난은 어둠을 틈타서 몰려드는 적군과 같다. 불시에 몰려드는 거대한 힘 앞에선 사람들은 대피할 수 없다. 거대한 자연 재난 앞에서 무력한 인간의 모습이다. 무력하게 쓰러진 희생자에게 당신은 왜 대피하지 않았느냐는 질문은 희생자에 대한 예의가 아니다. 때로는 무지가 무능보다 더 폭력적이다.

반면에 강남역 수해는 재난의 다른 측면을 보여준다. 재해가 크지만, 불편 정도로 지나가는 경우다. 과거에 강남역 근처는 "남편 없이 살아도 장화 없이 못 산다"라고 했을 정도로 늘 질펀질펀한 지역이었다. 비가 오면 늘 수해를 입을 수밖에 없는 지리적 환경이었다. 왜냐하면 강남역 일대는 한강과 반포천보다 저지대고, 그 지역의 하수 처리 능력은 일시에 쏟아지는 빗물을 처리할 수 있는 크기가 되지 못하기 때문이다. 그러나 자본력은 위대했다. 재해마저 일상의 불편으로 넘길 수 있었다.

강남역 일대는 자본에 기반한 개발과 투자로 이루어진 지역이다. 강남역은 대표적인 상업 지역인지라 폭우에 의한 도로와 지하시설의 침수가 일어났지만, 주택에 거주하는 주민이 수해를 입는 피해는 없었다. 불행 중 다행으로 안타까운 인명 피해가 없었다. 강남역 일대는 신림동 반지하의 비극처럼 극단적 불행으로는 가지 않을 수 있었다. 자본주의 사회 속에서 재해의 또 다른 면이다. 그 자본력 덕분에 도로 침수와 이동 수단의 마비라는 일상의 불편 차원으로 끝낼 수 있었다. 강남역의 직접적인 피해 현황이 발표되었다. 피해는 도로와 도로 주변의 지하상가, 그리고 자동차들이었다.

발표에 따르면 침수된 자동차는 약 1만 대가량이며, 피해 금액은 1600억 원에 이른다고 한다. 특히 강남역 일대에서 침수된 수입 자동차의 피해가 1000억 원을 차지하고 있어서 자동차 손해보험사는 보험 가입자의 보험료 인상을 고려해야 할 정도라고 한다.

즉, 강남역 일대는 거주지역이 아니라 주로 상업지역으로 사용했기 때문에 인명 피해가 적을 수 있었고, 재산 피해는 보험으로 분산 처리하기 때문에 피해가 적었다고 보면 된다. 반지하 침수로 겪은 불행에 비하면, 강남역 일대의 침수는 불편 정도로 지나갔다. 그렇다고 수해가 없다는 것이 아니다. 아무리 부자고, 튼튼하게 삶을 준비한다고 하더라도 재해를 다 피할 수는 없다.

인생의 시련도 자연재해와 비슷한 구석이 있다. 시련도 이중적이다. 어떤 사람에게 시련은 가벼운 감기처럼 이겨낼 수 있다. 반면 어떤 사람에게는 치명적인 병으로 작동되기도 한다. 우리 삶은 시련 없이 늘 화창하기만 한 것은 아니다. 행복한 일상이 지속되다가도 어느 날 갑자기 먹구름이 몰려들고, 하늘이 열린 것처럼 빗줄기를 쏟아내기도 한다. 어쩔 수 없이 내려치는 빗물에 온몸이 다 젖기도 한다. 이때 시련을 대하는 사람의 내적 힘이 우리의 일상을 불행으로 만들기도 하고, 견디면 끝나는 불편이 되기도 한다. 견디는 힘은 마음이 부자인 사람만이 누릴 수 있는 일종의 특권 같은 것이다.

'엄마, 문이 안 열려.'

우리는 아직 재해라는 괴물을 우리 안에 완벽하게 가둘 방법이 없다. 그래서 이 구조 요청이 더 절박하게 들린다. 수해의 피해자들만이 아니다. 이 시대를 살아가는 무수한 가난한 부모는 자식들을 위해서 매일 같이 열리지 않는 문을 밀치고 있다. 삶의 문 앞에서 발버둥 치고 있다.

사랑한다. 아들아.

사회의 모습에는
이중성이 있다

순식간에 지옥의 악령이 깨어나 날뛰었네. 나는 기뻐 어쩔 줄 몰라 하며, 아무 저항도 못 하는 사람들을 후려쳤고 한 대 한 대 때릴 때마다 그 광란 상태가 한동안 이어졌지.

소설 《지킬 박사와 하이드 씨》에는 이런 문장이 있다. 소설처럼, 어쩌면 우리의 내면에 악마가 살고 있는지도 모른다. 《지킬 박사와 하이드 씨》는 소설가 로버트 루이스 스티븐슨이 1886년에 쓴 작품이다. 인간 내면에 존재하는 선과 악의 양면성을 보여주는 극적인 이야기 전개로 흡입력이 있는 소설이다. 이 작품은 지금도 영화, 연극, 뮤지컬 등 다양한 장르로 만들어져 전 세계적인 사랑을 받고 있다. 소설 속에서 악령이 깨어나는 순간을 묘사한 이 문장은 소름이 돋을 정도로 아버지의 마음에 다가온다. 지킬 박사 내면의 악령이 깨어나 아무 저항도 못 하는 무고한 사람들을 잔인하게 살해하던 상황이 우리 현실 속 모습과 유사하기 때문이다. 인간의 내면에는 선의 모습이 있지만, 그와 대치되는 또 다른 얼굴인 악령도 존재한다.

소설에 묘사된 지킬 박사만이 선과 악의 양면성을 갖고 있는 것이 아니다. 자본주의 시대의 돈 또한 선과 악의 양면성을 가지고 있으며, 자본의 이면에도 악마가 살고 있다. 악마는 적자와 부실이라는 환경에서 본성이 깨어난다.

돈의 양면성 중에서 특히 악령이 깨어나 무수한 사람들을 짓밟아버린 사건이 일어났다. 첫 번째 사건은 S그룹 공장 노동자 사망 사건이다. 두 번째 사건은 F사 전 직원 해고 통보 사건이다. S공장의 사망 사고는 한 노동자의 육체적 죽음이고, F사의 직원 해고 통보는 그 직원의 사회적 죽음이다. 결국은 그들에게 경제적 살인을 저지른 것이다.

첫째, S그룹의 젊은 노동자 사망 사건이다.

사과는 가을에 바람이 불기 시작하면, 그중에서 가장 약하고 설익은 것들이 먼저 땅에 떨어진다. 과일은 대부분이 그런데, 특히 사과가 더욱 그렇다고 한다. 이 사회에도 경제적 한파가 오면 사회 계층 중에서 가장 낮은 곳에서 일하고, 약한 고리를 가진 노동자가 바닥으로 떨어진다. 특히 생산직 노동자가 쓰러진다. 아들아, 부정하고 싶겠지만 부정할 수 없다. 지금까지 보아온 자본주의 사회의 재난의 법칙은 늘 그랬다.

먼저 노동 현장 중에서 낮은 곳에서 안간힘을 쓰고 있던 23세 여성 노동자가 약하고 설익은 사과처럼 떨어졌다. 2022년 10월 15일 오전, 경기도 평택에 위치한 생지를 만드는 S그룹 계열사인 S공장에서 23세 청춘이 기계에 몸이 끼이는 사고로 사망했다. 여성 노동자의 몸이 소스 교반기에 끌려 들어가 소스에 의해서 질식사했다고 한다. 이 소스 교반기에 여성 노동자를 지켜줄 안전장치는 없었다.

법인이라는 말이 있다. 사람이 아니지만 사람의 역할을 하는 사업체다. S사는 사업을 하는 법인이다. 법인이 존속하는 힘은 한마디로 이윤이라고 불리는 돈이다. 흔히 자본이니, 이윤이니, 임금이니 등의 말로 표현하지만 같은 말이다. 법인의 존속 여부는 돈에 달려 있다. 이윤을 만들어내기 위한 법인의 사업 행위는 소스 교반기 사망 사고가 난 다음 날부터 다시 돌아갔다. 사고 현장만 흰 천으로 가린 채 계속 이윤을 만들기 위해 작동되었다. 늘 그렇듯이 법인 뒤에는 자본가가 숨어 있다. 그들은 오직 이윤만을 추구하는 경향이 있다. S그룹과 그룹의 소유주인 회장은 가맹점인 소상공인의 하소연 뒤에 숨어서 사업 행위를 지속했다. 희생은 꽃다운 나이로 져버린 노동자의 몫이었다. 그 짐을 나누어 짊어지는 법인과 자본가는 없었다. 참으로 잔인한 자본주의 사회다.

둘째, F사의 전 직원 해고다.

10월 17일 F사는 전 직원 300여 명에게 적자 누적을 이유로 다음 달 30일에 사업을 종료하겠다며 정리 해고를 사내 메일로 통지했다. 사업 종료는 사업체를 운영하지 않고, 종사했던 직원을 합법적으로 해고하는 잔인한 방법이다. 대한민국 근로기준법에서 전 직원을 일시에 해고할 수 있는 유일한 방법이 바로 사업 종료다. 일방적인 사업 종료로 인한 해고는 오로지 직원들이 감당해야 할 몫이다.

아들아, 아버지도 노동자로 25년을 살아왔다. 노동자에게 일은 곧 삶이요, 일터는 생존의 공간이다. 그 생존의 공간을 43일 만에 폐쇄하겠다는 통보는 직원에게 사회적 죽음을 선고하는 것과 같다. 물론 회사의 소유주였던 오너들은 F사라는 법인의 뒤에 숨어서 개인적인 이익은 다 챙겼고, 피해는 오로지 직원의 몫이었다. '직원으로 시작해라, 그러나 직원으로 살지 말라'고 했던 아버지의 말을 기억하고 있느냐. 이런 부당함을 당하지 않길 바라는 마음에서 한 말이었다.

S그룹의 노동자 사망과 F사의 해고 통보는 돈의 악마성을 보여주는 사례다. 그 사업체는 한때 직원들의 삶의 현장이었고, 임금을 통하여 삶을 꾸려 가는 기반이었다. 그랬던 사업체가 산업재해의 현장이 되고, 강제 해고로 폐쇄되고 있다. 지킬 박사의 내면에 감춰진 악령처럼, 돈의 이면에 숨어 있던 악마가 무고한 사람들을 짓밟아버렸다.

자본주의의 구조적인 개선 방향을 얘기하는 거대 담론을 말하려는 것이 아니다. 다만 그 돈의 악마성에 대응해서 싸우기에는 개인과 가족이라는 공동체의 힘은 한계가 있다는 것을 말하고 싶다. 개인이 거대한 구조적 불평등에 대응하기에는 역부족이라는 것을 말해주고 싶다. 다만, 역사 속에서 불평등한 사회 구조를 개

선하고자 노력했던 사람들이 있었다. 바로 경제학자다. 자본주의가 가지고 있는 악마적 본성을 잠재우기 위해서 경제학자들은 사회 구성원 모두가 행복한 경제적 토대를 만들 수 있는 이론을 세우려고 노력했다. 그중 대표적인 사람이 애덤 스미스다. 지독한 인본주의자인 애덤 스미스를 오히려 오해하고 있는 사람이 많다. 냉철한 경제학자지 인간애가 없다고 오해한다. 이 오해는 애덤 스미스의 '시장 경제 이론'에서 기인한다.

"우리가 맛있는 식사를 할 수 있는 것은 정육점 주인, 양조장 주인, 빵집 주인의 자비심 때문이 아니라 그들이 자신의 이익에 관한 관심 때문이었다."

여기서 이기심은 경제의 작동 원리로서 이기심일 뿐이다. 애덤 스미스는 사람들이 가지는 욕구에 대응하는 공급에는 사람을 생각하는 배려심이 아니라, 물건을 공급해서 얻는 이윤 때문일지라도 시장이 활성화된다면 좋다고 보았을 뿐이다. 오히려 그 이기심이 시장 안에서 교역을 늘려서 경제를 활성화하는 기제로 작동한다고 본 것이다. 이렇게 경제가 활성화되어 국가의 전체적인 부가 커지고 모든 사람이 더불어 잘 살아가는 세상을 바랐을 뿐이다.

그는 개인의 이기심이 아니라, 그 이기심이 빚어내는 시장 경제의 활성화를 통해서 서민이 다 같이 경제적으로 만족하는 사회를 꿈꿨다. 그가 살던 시대에 최대의 경제 활성화의 목표는 서민이 기아에서 벗어나는 것이었다. 물론 시대가 달라져서 현대 경제학의 관점에선 그의 이론이 모순되는 점 또한 분명 있다. 하지만 그가 가졌던 위대한 꿈을 놓쳐서는 안 된다. 국가라는 공동체가 부강해져 국민이 모두 경제적으로 풍요로워지는 세상을 꿈꿨던 경제학자로 기억하길 바란다.

아들아, 아버지는 애덤 스미스처럼 세상을 변화시키는 위대한 노력에는 참여하지 못한다. 그저 아들에게 노동자로 살지 말라는 정도의 충고를 하거나, S사에서 23세의 청년 노동자가 쓰러져 간 죽음을 애도하거나, F사에서 전 직원을 해고하는 사회적 죽음을 그저 관망할 뿐이다. 그러나 애덤 스미스라는 경제학자가 꿈꾸었던 국가라는 공동체 안에서 다수의 사람이 경제적 만족을 얻을 수 있는 세상을 외치고 싶다.

S공장 노동자인 23세 청년이 꿈꿔왔던 세상과 F사에서 정리 해고된 근로자들이 꿈꿔왔던 세상이 조금이라도 실현되기를 바라는 마음이다. 왜냐하면, 너희들이 살아갈 세상은 조금이라도 나은 세상이 되길 바라는 마음 때문이다.

빵보다 사람이 먼저.

너희가 살아갈 세상은 빵보다 사람이 먼저이길 바란다.

아들아, 아버지의 바람이 담겨 있는 이 문장은 힘없는 사회적 약자들의 공허한 외침에 불과하다. 자본주의 사회는 화려한 문명의 빛이 미치지 못하는 어두운 그늘이 존재하고, 그늘은 너무도 차갑기 때문이다. 이것은 인간의 본성에서 기인한다. 만족할 줄 모르는 소유욕과 그것을 채워야 하는 지배욕의 본성이 극대화되면서 자본주의 사회에 어둠이 존재하는 것이다. 너희에게도 자본주의 어둠은 재난이 될 수 있다. 너희가 모르는 사이에 이 괴물은 너희를 옥죌 수 있다. 아버지는 너희가 자본주의 사회의 어두운 그늘에 빠지지 않길 바란다. 자본주의 어두운 그늘에서 벗어날 수 있는 아버지만의 '인생의 법칙'을 지금부터 하나씩 얘기해줄 것이다. 잘 새겨듣길 바란다.

사랑한다. 아들아.

성공한 사람의
다섯 가지 특징

유통업이라는 직업은 업종의 특성상 많은 사람을 만날 수 있다. 특히 아버지가 주로 했던 업무는 상품을 기획하고 마케팅하는 MD였다. 그 덕분에 사업으로 성공한 대표들을 많이 만날 수 있었다. 그때 만났던 성공한 사람들은 몇 천 명이 넘는다. 그중에는 이름만 대면 누구나 알 만큼 사회적으로 널리 알려진 분도 있다. 이분들은 최소한 삼대 이상이 편안하게 먹고 살 수 있는 부와 성공을 이룬 사람들이다. 아버지는 그렇게 만나왔던 성공한 사람들을 분석해보는 시간을 가지려고 한다.

성공한 사람의 공통점을 찾는 것은 언젠가 꼭 해보고 싶었던 일이었다. 그들의 성공에는 어떤 공통점이 있는지를 짚어보는 것은 그 자체로 의미가 있다. 그들의 특징을 짚어보는 과정에서 성공의 법칙을 배울 수 있기 때문이다.

머릿속에서만 맴돌던 성공하는 사람의 공통점을 우선 다섯 가지로 정리했다. 그들의 성공이 모두 이 다섯 가지에 의해 100% 좌우됐다고 말하진 않겠다. 이것은 어디까지나 개인적인 관점의 분석일 수 있다. 하지만 인생에서 성공하는 법칙을 공부하고 싶다면, 성공한 사람들의 공통적인 성향을 이해하는 데 참고하길 바란다.

첫째, 명확한 목표 의식이 있다. 둘째, 사회적 현상의 맥락을 꿰뚫은 눈을 가지고 있다. 셋째, 성공을 향한 성장의 법칙을 알고 있다. 넷째, 남의 것을 빌려 쓰는 능력이 있다. 다섯째, 눈에 보이지 않는 것을 눈에 보이도록 구조화하는 능력이 있다.

아버지가 직장 생활을 하면서 만나왔던 성공한 사람들은 이 다섯 가지 능력을 갖춘 사람들이었다.

아들아, 돈 공부는 인생 공부였다

첫째, '명확한 목표 의식'이다.

성공한 사람들은 성공에 대한 명확한 목표를 가지고 있었다. 물론 명확한 목표를 부르는 말은 사람마다 약간씩 달랐다. 어떤 사람은 그 목표를 꿈이라도 하고, 열망이라고도 하고, 또 열정이라고도 하고, 집착이라고 하기도 했다. 말은 다 다르지만, 어떤 형태로든 본인이 가고자 하는 명확한 목표를 가졌다는 점은 같았다. 그들은 꿈을 이루기 위해서 성공 쪽으로 달려가거나, 자기 안의 열망에 이끌려 달리거나, 자신이 가지고 있는 에너지가 끌어내는 열정에 의해서 달리거나, 이것을 하지 않으면 죽을 것 같은 집착으로 달려가는 사람들이었다. 목표를 향해 달려가는 그들의 손목에는 꼭 끝점이 있는 손목시계가 있었다. 한정된 시간 안에 명확한 목표를 가지고, 성공으로 향하는 길 위에서 늘 박차를 가하는 모습을 볼 수 있었다. 성공한 사람 중에 명확한 목표 없이 그 자리에 오른 사람은 단 한 명도 없었다.

물론 명확한 목표가 있다고 다 성공하는 것은 아니다. 하지만 명백한 것은 명확한 목표가 없는 사람은 아예 성공의 근처에도 갈 수 없다는 것이었다. 성공은 명확한 목표를 가진 사람만이 누릴 수 있는 특권이다. 만약에 성공하고 싶다면 먼저 명확한 목표를 가져야 한다.

둘째, '맥락을 꿰뚫는 눈'이다.

성공한 사람들은 자기가 하는 일의 맥락을 정확하게 알고 있었다. 그들은 이 세상이 돌아가는 판세를 읽어내는 눈을 가졌다. 내 발이 간지러운데, 남의 발을 붙잡고 긁어대는 못난 짓은 하지 않았다. 허상에 현혹되지 않고, 사물의 본질을 꿰뚫어 볼 줄 알았다.

일의 맥락을 꿰뚫는 눈의 사례로는 왕 회장의 일화가 대표적이다. 아버지가 알고 있는 분 중 최고로 성공한 분이 바로 왕 회장이다. 그분은 그룹 내에서 최고의 투자전문가라고 불리는 M&A팀이 분석해내지 못하는 투자의 본질을 한방에 정확히 읽어내는 눈을 가졌다. 2000년대 중반, 회사가 중국 사업에 박차를 가하고 있을 때였다. 그 당시 본부에는 최고의 투자전문가들이 M&A팀에 모여 있었다. 그들은 중국 시장 확장 전략으로 현지 기업을 일시에 인수하여 중국 사업의 확실한 교두보를 확보하고 싶어 했다.

이 일화는 왕 회장에게 중국 기업 인수에 관한 업무 보고 자리에서 있었던 일이다. 그때 그분은 경영 일선에서 물러나 의사 결정을 하지 않고 그저 업무 보고만 받았다. 그룹 M&A팀은 아직은 적자인 현지 기업을 인수하고 직접 경영하여 흑자로 전환시키는 쪽으로 결론을 냈다. 왕 회장은 2시간 정도 보고를 받았고, 보고 내내 특별한 말이 없었다. 그런데 보고가 다 끝나고 서류를 챙기려는 순간, 나지막한 목소리로 이런 말을 했다.

"적자가 나는 회사는 적자가 나는 이유가 있단 말이야. 회사가 적자에서 흑자로 돌아서는 사례가 거의 없는데…."

그룹은 기업을 인수해서 중국 사업을 일시에 확장했다. 그리고 10년이 지났다. 그 기업은 여전히 적자였고, 모든 중국 사업을 철수하는 결정을 내리는 지경이 되었다. 결국 몇 조의 손실을 보고 철수했다.

물론 철수 원인에는 정치 역학적인 부분이 크게 작용했다. 하지만 인수 기업이 계속 적자가 났던 것도 중국 사업에서 이익을 남기지 못했던 것이 원인이었다. 그런 점에서 왕 회장은 사업의 본질을 정확하게 꿰뚫고 있었다. 단 2시간 정도의 업무 보고를 받으면서 중국 사업의 10년 뒤의 본질을 꿰뚫어 보고 있었던 거다. 그는 맥락을 꿰뚫은 눈을 갖고 있었기에 세계의 500대 거부 안으로 들었을 정도로 부를 일궈낼 수 있었다. 그가 성공한 원동력에는 다른 요소들도 있었지만, 그중에서 사업의 맥락을 한방에 직시하는 통찰력의 역할이 컸다고 본다.

셋째, '성장의 법칙'이다.

성공한 사람들은 성장의 법칙을 알고 있다. 성장의 법칙은 곡선이 아니라 계단식 성장선을 따른다. 성장이란 결과물이 조금씩 커 가는 것이 아니라 한 곳에서 일정 기간 정체기를 겪다가 점프해서 커지는 것을 말한다. 그들은 모든 성장은 계단식이라는 사실을 잘 알고 있다. 성장은 우상향 곡선이 아니라, 우상향의 계단식 퀀텀 성장이다. 성장이 멈춘 듯한 정체 기간이 오랫동안 지속된다는 것을 알고 있기에 정체기 또한 견딜 수 있다. 성장 방식을 아는 것과 모르는 것은 차이가 크다. 왜냐하면 보통 사람들은 정체기에 안 된다고 의기소침해 있다가, 스스로 지쳐서 포기하기 때문이다. 즉, 계단의 턱까지 지루한 노력의 시간을 보내다가 막판에 포기하는 것이다. 그것만 견디면 일시에 상위 계단으로 뛰어오르는데 말이다. 그래서 마지막 한 걸음을 내딛는 것이 중요하다.

대표적인 계단식 성장은 대나무의 성장을 보면 잘 알 수가 있다. 보통 대나무는 죽순이 올라오면 조금씩 자라다가 5년이 지나면 1년에 60cm까지 자란다. 대나무처럼 땅 속에서 오랫동안 내재한 힘을 키우다가 땅 위로 올라오면 쑥쑥 자라는 현상이 바로 계단식 성장 법칙이다. 성공하는 사람들은 이 성장 법칙을 정확히 알고 있다. 그래서 정체기에도 절대 지치지 않는다.

넷째, '빌려 쓰는 능력'이다.

성공한 사람들은 남의 것을 빌려다가 쓰는 능력이 탁월하다. 자기 돈만으로 투자하는 것이 아니라, 남의 돈을 투자받거나 은행에서 대출을 받아낸다. 세계의 모든 기업의 창업자 중 자기 돈만으로 사업을 일구어낸 사람은 단 한 명도 없다. 은행의 돈을 대출받거나, 다른 투자자의 돈을 투자받아서 사업을 했다. 돈뿐만이 아니다. 다른 사람의 노동도 빌려다 쓴다. 직원을 채용하는 것은 그 사람의 노동을 빌려다 쓰는 것이다.

이뿐만이 아니다. 남의 지식도 빌려다가 쓴다. 성공한 사람들은 독서광이다. 독서는 남의 지식을 빌려 쓰는 지식 대출이다. 그들은 일반인이 상상할 수 없는 정도로 책을 많이 읽는다. 게다가 사회적 인프라도 빌려다 쓴다. 국유지, 고속도로, 전화선, 상하수도 등의 사회적 인프라를 가장 많이 빌려 쓰는 사람들이다. 이렇게 돈도 빌리고, 노동력도 빌리고, 지식도 빌리고, 사회적 인프라도 빌려 쓰는 데 탁월한 사람들이 바로 성공한 사람들이다.

화가 피카소는 말했다. 좋은 예술가는 베끼고, 위대한 예술가는 훔친다.

다섯째, '눈에 보이지 않는 것을 구조화하는 능력'이다.

예전에는 인터넷이 없었다. 그러다 PC라는 것을 만들어서 보이지 않는 인터넷을 눈에 보이도록 도구를 만들어낸 사람들이 있다. 그들이 성공한 사람들이다. 그동안에 없었던 검색이라는 보이지 않는 지식 탐구기를 만들어낸 사람이 있다. 그 사람은 성공한 사람이다. 그동안에 없었던 무료 메신저 기능을 눈으로 보이게 한 사람이 있다. 그 사람은 성공한 사람이다. 눈에 보이지 않는 것을 눈에 보이게 하는 것, 이것이 구조화하는 능력이다. 2000년 이전의 유통업은 오프라인 마켓밖에 없었다. 이런 아날로그 마켓을 디지털 마켓으로, 눈에 보이는 플랫폼으로 만들어서 성공하는 것. 이런 게 바로 구조화하는 능력이다.

이 다섯 가지 성공한 사람들의 공통점은 겉으로 드러나는 능력이 아니다. 그래서 성공하는 사람들은 겉으로 보기에는 특별하지 않다. 그러나 가까이 다가가서 친밀한 인간관계를 나누다 보면, 눈에 보이지 않는 능력을 느낄 수 있다. 만약에 성공하고 싶다면 자기 안에 숨어 있는 이 다섯 가지 능력을 개발해야 한다.

끝으로, 오프라 윈프리의 말을 남긴다.

"저는 미래가 어떻게 전개될지는 모르지만, 누가 그 미래를 결정하는지는 압니다."

아들아, 미래가 어떻게 전개될지는 모르지만, 성공의 주인공은 누구인지 알 수 있다. 미래의 세상에서도 성공의 다섯 가지 법칙을 알고 있는 사람들이 여전히 성공하는 사람이 될 수밖에 없다. 일반인은 그 사람들이 결정한 미래에서 그저 살아갈 뿐이다.

사랑한다. 아들아.

좋은 직업은
신의 축복이다

젊은 날에 하고 싶은 일을 만나는 것은 행운의 여신을 만나는 것보다 인생의 축복이 된다.

가난은 숨기고 싶은 삶의 가장 구차한 모습을 다른 사람에게 보이게 만든다. 그래서 아버지는 가난이 싫었다. 국민학교 때 신었던 구멍 뚫린 양말, 중학교 때 친구에게 늘 얻어만 먹었던 교내 식당의 우동과 빵, 나이 스물, 계산대 앞에서 늘 머뭇거리게 만든 빈 지갑 등. 아버지는 가난에서 벗어나고 싶었다. 돈을 벌려고 발버둥 쳤던 이유는 가난에서 벗어나기 위함이었고, 삶의 구차한 모습이 세상에 발가벗겨진 채 드러나지 않게 하기 위함이었다. 가난이 주는 구차한 삶의 모습으로 너희들을 초라하게 만들고 싶지 않았다.

아버지가 가난에서 벗어나기 위해서 했던 첫 번째 노력은 좋은 일자리 찾기였다. 당시 좋은 일자리는 대기업 화이트칼라가 되는 거였고, 좋은 직업의 조건을 갖추기 위해서는 좋은 대학에 가야 했다. 그래서 공부에 매진했다. 그때의 공부는 시험을 대비하는 지식 암기가 전부였다. 이런 방식의 공부는 인생 공부가 되지 못한다. 그 사실을 나이 오십이 되면서 깨달았다.

너희 나이 때 경제를 이해하고 좋은 일자리의 개념을 정립했어야 했다. 그러나 아버지는 일자리에 대한 정확한 개념조차 없었다. 그저 남의 눈에 보이는 좋은 직업을 찾았을 뿐이다. 좀 더 치열한 직업관이 부족했다.

아들아, 보이는 것이 중요한 게 아니라 일자리를 통해서 전 생애주기에 맞추어 소득 계획을 짤 수 있어야 한다.

우리 주변에 일자리는 다양하다. 통계청의 '임금 근로 일자리 동향 보고서'에 따르면, 2022년 1/4분기(2월 기준) 전체 임금 근로 일자리는 1975만 개라고 한다. 전체 인구 5162만 명 중 1975만 명으로 36.7%가 임금 근로자로 살아간다. 임금 근로자는 노동을 제공하고 그 대가로 소득을 얻고 살아가는 사람을 말한다. 부양가족까지 포함한다면, 대부분 국민이 임금 근로에 의존해 살아가는 만큼 임금 근로를 제공하는 일자리는 중요하다. 다시 말하면 우리나라 인구의 대부분은 임금 근로자로 살아가고 있다. 그래서 일자리의 구조적인 이해가 필요한 것이다. 우선, 임금 근로 일자리를 구분할 필요가 있다. 종류를 분류하는 기준은 근로자의 개인 관점이다. 근로자의 개인 관점에서 일자리의 종류는 생계형, 부양형, 커리어형 이 세 가지가 있다.

생계형은 개인의 생계를 책임지는 일자리다. 대부분 아르바이트 또는 일용직 일자리가 여기에 해당한다. 비정규직 일자리의 다수가 생계형 일자리라고 보면 된다. 부양형은 개인의 생계와 더불어 가족의 생계를 책임질 수 있는 일자리다. 주로 정규직 일자리가 여기에 해당된다. 부양형은 일자리의 안전성이 보장된다. 다만, 부양형 일자리는 기한이 있다.

대한민국 부양형 임금 근로자의 평균 퇴직 나이가 49.3세이다. 50세 이후에는 부양형 임금 근로자가 살아가지 못한다. 커리어형은 개인의 생계와 가족의 부양을 넘어 개인 경력이 쌓여가는 일자리다. 커리어형 근로자는 주로 전문직 근로자들이다. 일자리의 전문성으로 대체 불가능한 일자리를 말한다. 이런 일자리는 고연

봉과 장기근속을 할 수 있다는 장점을 갖고 있다.

아버지는 대형 마트에서 25년 동안 근무하면서 주로 신선식품을 구매하는 머천다이저 일을 했다. 그때는 신선식품의 머천다이징이 커리어가 쌓여가는 전문직 근로자였다. 그러나 이제는 머천다이저 또한 대체 가능한 부양형 근로자에 불과하다. 산업구조가 변했기 때문이다. 지금은 MD 일을 상품 구매 시스템이 대행하고 있다. 그렇게 부양형 근로자였던 아버지는 사용 기한이 다 되어 일자리를 잃어버렸다. 그때는 머천다이저의 일을 커리어형이라고 믿고 싶었다. 하지만 사회 구조의 변화에 따라 부양형 일자리 수준으로 전락했다. 아마도 미래 사회는 빅데이터, 인공지능, 기술 혁신으로 산업이 발전해, 현재의 커리어형 전문직 일자리는 사라지고 변화될 것이다.

아직도 많은 근로자가 자신의 직업이 커리어형 일자리라고 착각한 채 살아간다. 대부분 오십 이전에는 그 사실조차 깨닫지 못한다. 그러나 그때는 이미 늦다. 오십에 퇴직한 부양형 근로자를 기다리고 있는 것은 오직 '생계형 일자리'뿐이다. 오십 이후에 죽을 때까지 단순 일용직이나 플랫폼 노동자, 또는 시간제 아르바이트를 전전하면서 살아가게 되는 것이다. 우리나라 대부분 근로자는 오십 이후에 생계형 일자리에 의존하면서 노년의 삶을 살아간다. 대한민국이 OECD 국가 중에 노인 빈곤율 1위이고, 노인 자살률 1위인 이유가 여기에 있다. 최소한 40대에는 부양형 근로자의 한계에서 벗어날 준비를 해야 한다.

한 가지 더 이해하고 주목해야 할 대목은 특히나 불황의 시대, 저성장의 시대에는 경제 공부가 삶을 좌우하는 가늠자가 된다는 점이다. 불황과 저성장의 시대에는 안정적인 소득이 삶의 기반이 된다. 안정적인 소득은 삶에서 필수다. 장수가 축복되기 위해서는 우선 기본적인 소득 문제부터 해결해야 한다. 이것은 국가의 몫도 사회의 몫도 아니고 개인의 몫이다.

아들아, 가난은 불황과 위기의 순간에 우리의 삶을 지옥으로 끌고 갈 수 있다. 불황과 위기 이전에 가난에서 벗어날 토대를 마련해야 한다. 그래서 처음 일자리를 찾을 때 일자리의 구조를 알고 직업을 선택해야 한다. 미래 사회는 그저 대충 열심히 하다 보면 가족을 부양할 수 있는 사회 구조가 아니다. 어떤 일자리가 나와 가족의 삶에서 안정적으로 소득을 제공해줄 것인가를 깨닫기를 바란다. 그렇다면 대체 불가능한 커리어형 근로자는 누구일까?

첫째, 기술자를 넘어선 실용적인 사람이다. 문제를 진단하는 기술자가 아니라 문제를 해소하는 해결자가 미래의 커리어형 근로자가 된다. 예를 들면, 암을 수술하고 치료법을 이행하는 의료기술자로서의 의사가 아니라 암 환자가 살아가는 과정을 설계할 수 있는 실용 전문가로서의 의사가 필요하다. 기술적인 영역은 기술이 모두 대체할 것이기 때문이다.

둘째, 지식인이 아니라 지혜로운 사람이다. 일상에서 개인 삶의 문제를 해결하는 데 본질적인 솔루션을 제공하지 못하는 지식이 아니라, 삶의 문제를 일상 속에서 해결하는 지혜가 필요한 시대다. 지식 기반이 아니라 지혜 기반의 지혜인이 미래의 커리어형 근로자가 된다.

셋째, 전략가가 아니라 실행자다. 미래 사회는 전략적으로 대응하기에는 빠른 속도로 변화하는 사회일 것이다. 전략은 이미 죽은 이론이 될 것이다. 현장에서 즉각적으로 실행하는 사람이 바로 미래의 커리어형 근로자다. 전략은 과거의 것이고, 실행은 미래의 것이다. 의사, 변호사, 세무사 등의 전문 직업이 미래에도 커리어형 전문 직업이 될 수 있는 것은 아니다. 어떤 직업이든지 그 안에서 실용적인 사람의 특성, 지혜인의 특성, 실행자의 특성을 가진 사람은 미래에 커리어형 전문가로 거듭날 수 있다. 너희는 실용적인 사람으로서 공부와 지혜를 습득하기 위한 공부, 그리고 현장에서 작동하는 실행의 공부에 매진하길 바란다.

우리 인생은 대학, 직업, 결혼이라는 세 가지 변곡점이 있다. 그 중에서 직업의 선택은 다른 두 가지의 변수를 결정하는 인생의 최대 변수다. 그렇다면 인생을 성공으로 이끌어가는 직업이 무엇일까? 너희는 지금부터 그것을 스스로 찾아야 한다.

사랑한다. 아들아.

이상한 것이
때로는 정답이다

'이상한'.

아들아, 너는 이 단어를 보면 무슨 생각을 떠올릴까? 아마도 인기 드라마 〈이상한 변호사 우영우〉를 생각하거나 동화책 《이상한 나라의 앨리스》, 영화 〈이상한 나라의 수학자〉라고 대답할 것으로 예측된다. 아버지 또래 친구들에게 물어보면 〈이상한 나라의 폴〉이라는 TV 애니메이션이 떠오른다고 말한다. 그러나 아버지는 약간 다르다. '이상한'이라는 이름을 가진 직장 동료가 떠오른다. 이 친구와 같이 일한 것은 2002년도로 기억한다. 아버지가 대형 마트에서 과일 구매 담당을 할 때다. 그는 점포의 농산 담당으로 일하던 친구다. 그 친구의 이름이 '이상한'이다. '이' 씨 성에 이름이 '상한'이었다. 이 글은 그 친구를 칭찬하는 내용이 아니라서 혹시나 이 글을 볼까 봐 염려된다. 그렇다고 이름을 밝히지 않고, 글을 쓸 수 없는 내용이라 그 친구가 보지 않기를 바랄 뿐이다. 그 친구는 이름처럼 이상한 구석이 많은 친구였다.

이상한은 매장에서 과일을 판매하는 영업 담당이었다. 과일 판매에서 가장 중요한 것은 당도와 신선도다. 과일은 생물이라 당도와 품질만이 아니라 신선도 유지가 대단히 중요하다. 그래서 과일을 담당하는 실장은 당일 입고된 과일은 최대한 당일 판매를 완료해야 하는 것이 중요한 업무 원칙이다. 다른 점포에서 근무하는 실장 대부분은 본부 지침에 의거해 신선도 관리에 만전을 기했다. 반면에 '이상한'의 담당은 재고 관리 미흡으로 과일의 신선도가 떨어지고, 그로 인해서 폐기되는 과일이 유독 많았다. 과일의 선도는 다른 계절에는 크게 문제가 되지 않는데, 여름 장마철에는 제대로 관리하지 못하면 폐기가 급격하게 발생하게 된다. 그래서 무조건 당일 입고 당일 판매를 하는 것이 핵심 판매 지침이다.

이런 시기임에도 불구하고 이상한 실장은 '수박을 500통씩 발

아들아, 돈 공부는 인생 공부였다

주하고, 복숭아를 100박스씩 시켰다. 팀원에게 점포 상황을 파악하니, 발주한 과일 중 절반은 팔고, 절반은 폐기하고 있다는 보고였다. 그래서 그 점포만 과일의 이익률이 마이너스 30%였다. 바이어들 사이에서 '이상한' 실장은 이름 그대로 이상한 영업 담당이었다. 우리끼리는 그를 '이상한 놈'이라고 불렀다. '이상한 놈이 또 복숭아 발주를 100박스 넣어서 50박스 정도는 폐기할 거야'. 바이어들이 발주를 수정하면서 이렇게 말하는 걸 자주 들었다. 바이어들은 발주 물량을 100박스에서 60박스로 수정해서 넣어주곤 했다. 그래서 아버지에게 '이상한'이라는 단어는 형용사가 아니라 사람의 이름을 말하는 고유명사다. 조직에 적응하지 못하고 다른 생각을 가진 사람이라는 이미지가 떠오른다.

원래 '이상한'이라는 형용사는 명사 '이상'에 형용사 격조사인 '한'을 붙여서 만들어졌다. '이상'이라는 명사는 뜻이 세 가지가 있다. 먼저 첫째는 정상적인 상태와 다름을 뜻하고, 둘째는 지금까지의 경험이나 지식과는 달리 별나거나 색다름을 뜻하고, 셋째는 의심스럽거나 알 수 없는 데가 있음을 뜻한다. 여기에 형용사 격을 만드는 조사 '한'을 붙여서 '정상적인 상태와 다른', '지금까지의 경험이나 지식과는 달리 별나거나 색다른', '의심스럽거나 알 수 없는 데가 있는'이라는 의미를 가진 형용사가 된다. 결국

《이상한 나라의 앨리스》가 '지금까지의 경험이나 지식과는 달리 별나거나 색다른' 나라에 떨어진 앨리스의 모험을 담는 이야기이듯이 이렇게 이상한이라는 형용사는 비정상적이고, 비과학적이고, 알 수 없는 것을 꾸미는 데 쓰이는 품사이다.

왜 요즘에 '이상한'이라는 형용사가 자주 회자되는 걸까? 여기에는 이유가 있다. 지금 우리의 일상에서 일어나고 있는 일들이 정상적인 논리와 기존의 경험과 달라서 의심스러운 구석이 많기 때문이다. 코로나19가 창궐해서 세상이 이렇게 어지럽게 될지를 누가 알았겠는가? 중미의 패권 전쟁, 우크라이나와 러시아의 전쟁, 인구 절벽과 환경 오염으로 인한 인류의 생존 전쟁이라는 상황에 놓이게 될지 누가 알았겠는가? 고물가, 고금리, 고환율로 인한 경기침체로 불확실성이 가득한 경제 구조가 될지를 누가 알았겠는가? 이런 모든 상황 앞에서 우리는 '이상한'이라는 단어를 쓸 수밖에 없다. 이상한 바이러스들, 이상한 국가들, 이상한 경제지표들이 넘쳐나는 세상이 되었다.

"정답보다 중요한 건 답을 찾는 과정이야."

영화 〈이상한 나라의 수학자〉에 이런 말이 나온다. 인생에도 중요한 건 정답보다 정답을 찾는 과정이다. 인생에는 정답이 없다. 아니, 정답을 확인할 수 있는 답안지가 없다. 인생은 오직 자기 스스로 답을 찾아가는 과정일 뿐이다. 스스로 답을 찾아냈다면, 그 답이 정답인지 아닌지는 살면서 증명하는 것도 인생의 일부분이 된다. 수학 공부는 정답이 없는 문제를 풀고, 그렇게 풀어낸 답이 정답인지 증명하는 과정이라고 한다. 인생 공부도 정답이 없는 문제를 풀고, 풀어낸 답이 정답인지 아닌지를 증명하는 과정이다. 그 과정이 바로 삶이다.

아들아, 인생에는 정답은 없다. 정답이 없는 세상, 그런 세상을 이상한 세상이라고 말할 수 있을까? 우리 스스로 살아가는 방법을 찾아내고, 그 방법이 정답이라는 것을 증명하면 된다.

지금 돌이켜서 생각해보니, '이상한'이라는 이름을 가진 영업 담당이 어쩌면 이상한 놈이 아니었을 수도 있다는 생각이 든다.

"지금은 매출 중심으로 공격적인 영업을 해야 할 때입니다. 성장을 위해 공격해야 하는 시기에 수비에 치중하는 것은 잘못입니다. 소극적으로 이익만 관리하는 그 자체에 문제가 있다고 봅니다. 매출을 위한 공격적인 발주가 폐기로 이어진 결과만을 볼 것이 아니라는 말입니다."

이상한이 점포의 실적을 책임지고 그해 가을 좌천되어 다른 점포로 이동 발령을 받고서 나에게 와서 했던 항변이었다. 그 친구의 말대로 그때는 성장을 위해서 매출 중심의 공격적인 전략이 맞았을 수도 있다. 우리 팀원들은 그 과정을 보려고 하지 않고, 오직 결과만을 놓고 이상한 친구로 몰아갔던 건지도 모른다. 그 과정을 증명할 시간을 그 이상한 친구에게 주어야 했는데, 그에게 시간을 주지 않았다.

정답지가 없는 세상에서 이상한 것이 때로는 정답일 수 있다. 성공하는 사람은 이상한 시도에 최소한의 마음이 열려 있어야 한다. 이것이 성공하는 인생의 법칙이다.

사랑한다. 아들아.

인생에서 성공하는
100% 비법

아들아, 인생은 타이밍이 아니라 타임이다. 사람들은 적기에 맞추어야 성공한다고 생각한다. 하지만 아니다. 적기보다는 하루하루를 보태서 시간을 성숙시키는 것이 성공률을 높이는 비법이다.

퇴직 이후 아버지의 아침 루틴은 이렇다. 첫째, 아침 5시에 일어나서 영어 회화를 공부한다. 영어 회화는 일단 네이버 영어 회화를 듣고, 몇 번의 듣기를 반복하고 난 후에 퀴즈를 풀고, 말하기를 한다. 그렇게 하면 대충 1시간 정도 시간이 지난다. 둘째, 김훈 작가의 《라면을 끓이며》를 반 페이지 정도 필사한 후 입에 볼펜을 물고 읽는다. 그다음은 볼펜을 빼고 다시 소리 내서 읽는다. 되도록 배에서 우러나오는 공명이 있는 저음의 목소리가 나오도록 신경 쓰면서 읽는다. 셋째, 집 앞에 있는 신문을 들고 와 식탁에 앉아 큰 소리로 읽는다. 신문에는 외국어와 전문용어, 그리고 수치가 포함된 단어가 많아서 정확하게 발음하면서 읽고, 내용을 파악하는 과정을 반복한다.

이 세 가지 루틴이 끝나면 샤워를 한다. 샤워까지 끝나면 아침 루틴이 끝난다. 그리고 사무실로 출근한다. 보통 출근길 지하철에서 아침에 다 읽지 못한 신문을 마저 읽는다. 사무실에 도착해서는 무조건 글을 쓴다. 도착하자마자 바로 컴퓨터를 켜고, 무조건 한 줄을 적는다. 특별한 내용이 없으면 지하철에서 읽었던 신문 내용이라도 생각나는 대로 적는다. 그러면 몸이 글을 쓰려고 하는구나 인지하고 한 자씩 써 내려간다. 그렇게 10포인트로 A4 용지두 매 분량을 쓴다. 글의 질이 좋고 나쁨은 신경을 쓰지 않는다. 우선 무조건 양을 채우는 데 집중한다. 그렇게 하면 오후 4시경에 한 편의 글이 완성된다.

글이 완성되고 나면 글을 토대로 동영상을 제작한다. 동영상은 유튜브에 올린다. 아버지는 하루하루 이런 루틴을 철저하게 지키고 있다. 생활의 루틴이 내 삶을 지켜주는 최후의 보루다. 어떤 일에 시간을 투자하는 것이야말로 아버지가 생각하는 가장 확실한 성공의 법칙이다.

시간의 법칙이 가끔 오작동하는 것처럼 보일 때가 있다. 예를 들어 인생에서는 100에서 1을 빼면 99가 되기도 하지만 때로는 0이 되기도 한다. 반대로 100에서 1을 더하면 101이 되기도 하지만 때로는 1000이 되기도 한다. 물의 상태 변화가 대표적인 경우다. 물의 온도를 기준으로 100도는 끓는점이다. 다른 말로 임계점이라고도 한다. 끓는점을 지나면 물은 액체에서 기체가 된다. 액체와 기체는 성질이 완전히 다른 물질이다. 바로 임계점이라는 순간에 1을 더하거나 빼는 것이 물의 성질을 완전히 바꾸게 된다.

이런 측면에서 성공하는 인생의 법칙은 노력의 정도와는 다른 결과가 나온다고 단정할 수도 있다. 하지만 아니다. 정확하게 수리적 법칙이 적용된다. 99도에 1도를 더해야 물이 끓는다. 99도까지 노력하다가 중단하면 물은 상태가 변하지 않는다. 인생도 99도가 아니라 99도에 1도를 더해야 상태가 일시에 변한다. 이것을 두고 타이밍이라고도 하는데, 아니다. 99도까지 가열해왔던 시간이 만들어낸 결과물이다.

인생에서 끓는점의 나이는 몇 살일까? 아버지는 요즘 나이 오십이 바로 인생의 99도가 아닌가 생각하고 있다. 결국 나이 오십을 지나면서 하늘의 뜻을 아는 지천명의 인간으로 거듭나느냐, 아니면 여전히 그저 그런 인간으로 남아 있느냐가 결정된다. 하루하루를 보태서 50년을 보탠 시간이 성숙하고 어느 순간 폭발하듯이 성과물을 만들어내는 시간이 임박했다. 그래서 인생은 타이밍이 아니라 타임이다.

성공하는 인생을 만들기 위해서는 두 가지를 꼭 기억했으면 좋겠다. 첫째는 하루하루 생활을 루틴으로 만들어 시간을 꾸준하게 보태는 것. 둘째는 성과물의 성질을 바꾸는 임계점에서 한 발자국 더 나아가는 것. 이것이 우리가 인생에서 성공하는 성공률 100%의 인생의 법칙이다.

사랑한다. 아들아.

인생을 좌우하는
요소들

인생은 생로병사와 희로애락의 산물이다.

아들아, 삶의 문제는 다양하다. 큰 줄기로 압축하면 여덟 가지
로 정리할 수 있다. 우선 희로애락과 생로병사다. 희로애락은 기
쁨, 화남, 슬픔, 즐거움의 감정이다. 생로병사는 태어나고, 늙어가
고, 병들고, 죽는 인간사의 모습이다. 그래서 희로애락은 인간사
에서 보이는 마음의 꼴이며, 생로병사는 인생을 가르는 고통이라
고 한다. 인간의 삶은 생로병사와 희로애락이 실타래가 되어 씨줄

과 날줄로 촘촘하게 짠 비단이다. 개인의 흥망성쇠는 그 비단을 어떻게 재단하느냐에 달려 있다.

너는 현재 자본주의 사회가 평등하다고 보느냐? 흔히 현대 자본주의 경제 구조에서 개인의 흥망성쇠를 좌우하는 힘은 개인의 능력에 달려 있다고 한다. 그래서 자본주의 사회는 자유경쟁 구조로 누구에게나 동등한 기회가 주어지는 평등한 사회라고 한다. 어쩌면 자유경쟁의 구조가 확립되어서 평등 사회인 듯 보인다.

불평등한 사회를 왕조 국가라고 한다. 왜냐하면 왕조 국가에서는 힘이 신분에서 나오기에 좋은 집안에서 태어나는 것만으로도 능력이 갖춰지기 때문이다. 왕조 국가에선 양반으로 태어나면 양반으로 살아가고, 노비로 태어나면 노비로 살아간다. 신분 계층 간 이동은 있을 수 없다. 그런데 개인의 능력이 성공을 좌우하는 사회가 평등한 사회일까? 아버지는 요즘 현대 사회가 왕조 국가 때보다 더 불평등 사회일 수 있다는 생각이 든다.

보통 능력은 개인의 노력에 따라서 바뀌는 것이고, 신분은 정해진 계급이다. 명문 집안에 태어나고 싶다고 태어날 수 있는 것이 아니다. 명문 집안에 태어나는 것은 운이다. 그래서 왕조 국가에선 개인의 흥망성쇠는 능력이 아니라 운에 의해 좌우된다. 그렇다면 운에 의해서 흥망성쇠가 좌우되는 세상이 불공평하다고 볼 수 있을까? 인생은 어차피 복불복福不福이 아닌가?

신분 이동이 차단된 점에서 불공평해 보이지만, 어차피 신분은 운에 달려 있는데, 복불복의 관점에선 운에 의해서 흥망성쇠를 가르는 세상이 더 평등하다는 주장도 가능하다. 그래서 능력이라는 개인의 노력 차원이 아니라 차라리 신의 영역인 운에 맡기는 것이 공평할 수 있다고 보는 것이다.

아들아, 자본주의 사회에서 부와 능력의 대물림을 보면 차라리 능력보다 운이 공평하다는 생각이 든다. 부자와 빈자를 가르는 기준이 개인의 능력이라면, 모든 가난한 사람은 흔히 말하는 경제적 무능력자이고, 능력이 없는 사람은 차별 대우를 받는 것이 마땅하다고 여기는 의식이 만연할 수 있기 때문이다. 또한 현시대에서 부는 개인의 능력으로 얻은 것이므로 당연히 가난한 사람보다 사회적 혜택을 누릴 수 있다고 여기면서 사회적 차별을 당연시하게 될 수 있다. 이렇게 자본주의 사회는 사회 질서를 유지하는 차원에서 부자와 빈자를 개인의 능력으로 낙인찍게 된다. 가난한 개인은 능력이 부족해서 가난하다고 여기게 되고, 그것이 당연하다는 자괴감으로 살아간다.

세상은 점점 경제적 차별이 강화되고 있다. 특히 팬데믹 이후 경제는 더욱더 침체하고 있다. 돈 없는 서민은 경제의 혹한 속에서 겨우 숨만 쉬며 살고 있다. 이런 말이 있다. 가난한 노인은 복지 지원금에 기대거나, 아니면 빵을 훔치는 장 발장으로 살아가야 한다고. 반면에 부유한 노인들은 예금에 돈을 묻고 여유롭게 부동산을 슬쩍슬쩍 곁눈질하면서 재산 증식의 기회를 노린다고. 경제 한파 속에서 부자와 빈자의 모습은 21세기의 경제 계급 사회를 적나라하게 보여준다. 어찌 보면 피에 의해서 계급 지어진 혈통 신분제 사회보다 더욱 잔인하다.

아들아, 경제 신분제 사회에서 사회적 약자로 살지 않기를 바란다. 그래서 돈과 경제의 속성을 이해하라고 강조하는 것이다. 특히나 이런 사회에서 살아남기 위해선 개인 차원에서의 경제 활동도 중요하지만, 거시적인 경제 흐름을 이해하는 것이 반드시 필요하다.

경제 전문가들은 말한다. 거시 경제를 배우는 것은 숲을 알아가는 과정이고, 미시 경제를 배우는 것은 나무를 알아가는 과정이라고. 미시 경제만을 바라보면서 개별적인 나무의 성장에만 몰입하면 숲의 생태계를 파악할 수 없게 된다. 숲의 생태계를 알지 못하면 나무는 숲에서 지속적으로 생존하기 힘들다. 그래서 우리는 거시 경제 관점에서 돈과 경제를 공부해야 한다.

거시 경제는 마치 바다의 일기와 같다. 위험한 바다에 나아가려면 바다의 일기 상태를 파악하는 능력이 필요하다. 바다는 언제 태풍이 몰아칠지 모르는 위험한 곳이다. 그 위험을 파악하지 못하고 바다에 나가는 것은 죽음으로 나아가는 길이다. 즉, 언제 파도가 배를 삼켜 버릴지 모르고 바다로, 나침반과 항해술에 의존해서 나아가는 건 복불복 게임과 같다. 그때는 아무리 좋은 나침반도 항해술도 무용지물이다.

개인이 아무리 열심히 노력하더라도 가난의 굴레에 빠지면 세상은 지옥이 된다. 만약에 네가 가난이라는 굴레에 빠진다면 그때 맞이할 현실은 처참하다. 특히나 노인에게는 더욱 그렇다. 요즘 고령층의 생계형 범죄가 늘어나고 있다고 한다. 다수는 이들을 위한 사회적 지원 대책이 왜 없는지 의문을 제기한다. 그러나 그들을 구제할 방법은 존재하지 않는다. 오로지 개인이 각자도생해야 하는 현실이다.

우리나라 노인 빈곤율은 43.4%로 OECD 평균인 13.1%보다 세 배 이상 높다. 어차피 이번 생은 더 이상 잃을 게 없다는 생각을 가진 노인들에게 선택지는 없다. 죽거나, 도둑질하거나 두 가지의 선택만 있을 뿐이다. 노인뿐 아니라 젊은이들도 살기 힘든 세상이긴 마찬가지다. 특히나 빚을 지고 살아가는 청년에게는 더 더욱 그렇다.

이런 경제 침체기에는 규제보다 완화가 필요하다. 지금처럼 자산시장이나 금융시장이 악화할 때가 자산과 금융상품을 헐값에 사들일 수 있는 절호의 기회다. 경제 정책은 대부분 부자에게 실질적인 혜택이 돌아가는 방향으로 가게 된다. 특히나 규제보다 완화 정책일 때 더더욱 그렇다. 물가를 잡기 위해서 기준 금리를 올리면 물건의 가격뿐 아니라 자산 가격 하락이 더욱 크게 일어난다. 주식의 값은 최전방의 방어선이고, 그다음에는 부동산 시장이 있고, 맨 마지막은 최후의 방어선인 물가다. 물가상승률과 임금상승률 중 늘 물가상승률이 우선시된다.

돈은 간사하다. 돈을 가진 사람에게는 철저히 아부하고, 돈이 없는 사람에게는 희생을 요구한다. 가난한 사람들에게 몸을 부지런히 움직여라, 있는 물건을 아껴 써라, 가진 돈을 절약하라고 요구한다. 그 요구의 끝에는 로병사老病死의 고통이 기다리고 있다.

돈과 경제 공부가 인생 공부가 되는 이유가 바로 여기에 있다. 돈이 인생의 요소인 희로애락과 생로병사의 기본 바탕에 있기 때문이다. 인생의 법칙은 인생의 요소가 어떤 영향을 주고 있는지 돈과 경제의 관점에서 이해하는 것이다.

아들아, 이런 사회에서 돈과 경제 공부로 너의 경제 체력을 길러서 강자로 거듭나야 한다. 꼭 그렇게 해주길 바란다. 이것이 아버지의 마음이다.

1. 명확한 목표를 가져라.

2. 맥락을 꿰뚫는 눈을 가져라.

3. 성장의 법칙을 알아야 한다.

4. 남의 것을 빌려 쓰는 능력이 있어야 한다.

5. 눈에 보이지 않는 것을 구조화하는 능력이 있어야 한다.

6. 기술자를 넘어선 실용적인 사람이 되어라.

7. 지식인이 아니라 지혜로운 사람이 되어라.

8. 전략가가 아니라 실행하는 사람이 되어라.

9. 열린 마음으로 세상을 보자. 인생에 정답은 없다.

10. 인생은 타이밍이 아니라 타임이다.

이 열 가지 법칙을 마음에 새기길 바란다.

사랑한다. 아들아.

MONEY

2장

돈의 법칙편

LIFE

가난이라는 굴레가
돈의 크레바스다

두툼한 지갑이 확실히 좋다고 할 수는 없지만, 텅 빈 지갑은 확실히 나쁘다. 그래서 돈은 빛이기도 하고 어둠이기도 하다.

먼저 유대인 격언을 말하는 이유가 있다. 당연한 말이지만 두툼한 지갑의 부자로 살아가는 것이 좋기 때문이다. 그러나 지갑이 두툼한 부자가 되려면 돈의 법칙을 알고 있어야 한다.

그전에 거대한 자본주의 경제 숲에서 돈이 어떤 가면을 쓰고 있는지 꼼꼼하게 짚어볼 필요가 있다. 돈은 빛과 어둠이라는 두 얼굴을 하고 있다. 돈은 문명과 가난을 밝혀주는 빛의 가면을 쓰고 다가오기도 하지만, 가난의 어둠으로 죄악이라는 가면을 쓰고

다가오기도 한다. 이러한 돈의 양면성은 돈만이 가진 독특한 특성에서 기인한다. 과거에 돈은 그저 물건과 물건을 교환하는 매개체의 역할이 다였다. 단순 매개체로서 돈의 역할은 교역을 활성화해서 문명을 발전시키는 빛이 되었다. 그랬던 돈이 산업자본주의 시대에 접어들면서 어둠으로 변해갔다. 단순 교환의 매개체였던 돈이 점차 세상의 모든 가치 판단의 척도로서 경제적 가치의 저울이 되었고, 더 나아가 세상에 빛나는 모든 가치를 담아둘 수 있는 창고 역할로 변해갔다. 금융자본주의 세상에서 돈은 돈 그 자체가 힘이고, 자유이고, 행복이 되었다. 그때부터 돈은 빛에서 어둠으로 어긋나기 시작했다.

아들아, 돈이 가진 어두운 면이 바로 돈의 크레바스다. 돈의 명암을 가르는 데는 세 가지 기준이 있다.

첫째, 돈 자체의 특성이다.

돈의 특성은 모든 물질적 가치를 개인이 사적으로 소유하는 힘을 지닌다는 것이다. 그래서 돈의 힘은 돈의 크기와 돈의 소유권에서 나온다. 1000원이 가지는 힘이 있고, 1만 원이 가지는 힘이 있고, 5만 원이 가지는 힘이 있다. 다만, 이런 푼돈은 작은 교환가치만 가지고 있다. 1000원에는 라면 한 봉지, 1만 원에는 칼국수 한 그릇, 5만 원에는 월 통신료라는 사용 가치를 교환하는 힘이 있다. 반면 100만 원, 1000만 원, 1억 원, 100억 원, 1000억 원, 1조 원에는 돈이 가진 교환가치를 뛰어넘는 자본의 힘까지 가질 수 있다. 돈이 모여서 자본이라는 거대한 강을 이루면, 그때부터 돈의 힘은 거대한 자본을 향해서 질주하는 무서운 괴력을 가진다. 푼돈 같은 골짜기에서 나오는 물줄기와는 전혀 다른 힘이 된다. 그것이 돈 자체가 가지는 특성이다.

둘째, 돈의 힘은 소유권의 크기에 따라 달라진다.

돈의 힘은 형태에 따라 달라진다. 주머니에서 사용할 수 있는 돈에는 세 가지 종류가 있다. 분류는 소유권과 사용권에 의해서 나누어진다. 첫째, 100% 소유권과 사용권을 가진 자본금이 있다. 둘째, 소유권은 없고 소유권의 일부만 사용권을 가진 투자금이 있다. 셋째, 소유권은 없고 100% 사용권만 있는 대출금이 있다.

결국 돈의 힘은 소유권의 크기에 따라 결정된다. 소유권을 많이 가진 돈만이 큰 힘을 가진다. 자본금의 힘이 가장 세고, 다음은 투자금, 그리고 대출금의 힘이 제일 약하다. 돈의 크기와 돈의 소유권이 자본 등식으로 결합해 돈의 힘이 결정된다. 돈의 힘이 자본 등식에 의해서 어떻게 달라지는지 설명하기 위해선 세 가지 종류의 돈을 예로 들어보겠다.

먼저 소유권 100%의 큰돈, 자본금 100억이 있다. 다음은 소유권 50%의 큰돈, 투자금 100억이 있다. 마지막은 소유권 0%의 사용권만 있는 큰돈, 대출금 100억이 있다. 저금리 시대에 돈의 힘은 소유권이 크게 좌우하지 않는다. 하지만 고금리 시대에 자본금 100억은 어마어마한 힘을 발휘하고, 대출금 100억은 어마어마한 무게의 짐이 된다. 저금리이든, 고금리이든 자본금 100억은 천사지만, 저금리 시대의 대출금 100억은 천사였다가 고금리 시대에는 악마로 돌변한다. 고금리 시대에는 돈의 소유권이 돈의 힘으로 직결되는 것이다. 소유권을 가진 자만이 돈의 힘을 제대로 쓸 수 있다.

셋째, 돈을 둘러싼 환경이 돈의 본성을 결정한다.

경제 생태계에서 돈의 힘은 금리에 의해서 결정된다. 2020년 코로나19로 팬데믹이 시작되었고, 기준 금리를 낮추면서 시중에 돈이 무작위로 풀렸다. 유동성의 밀물이 몰려왔다. 그런 시기에 돈은 빛이 된다. 그런데 2022년 앤데믹으로 전환되고 나서 소비가 늘어나고, 글로벌 공급망에 문제가 발생하면서 물가가 오르기 시작했다. 중앙은행은 물가 상승을 억제하기 위해 기준 금리를 올리기 시작했다. 베이비스텝에서 빅스텝으로, 자이언트스텝으로 기준 금리를 올렸다. 그리고 갑자기 시중에 풀렸던 돈이 썰물처럼 빠져나갔다. 경제 전문가는 기준 금리가 5%까지 올라갈 것으로 예측한다.

앞으로 변동성 주택담보대출 금리가 10%까지 올라갈 수 있다. 이 말은 6억을 빌리면, 1년에 6000만 원, 매월 500만 원을 대출 이자로 지급해야 한다. 매달 500만 원의 대출금은 월급쟁이에게 인생을 어둠으로 만드는 악마가 된다.

아들아, 돈의 본성은 인간의 본성을 닮아 있다. 어쩌면 인생은 돈에 의한 희로애락과 생로병사의 파노라마다. 우리는 돈이 우리 인생에서 악마가 되지 않도록 통제할 수 있어야 한다. 돈이 초래한 인생의 굴레에서 벗어나 행복과 평안을 얻을 수 있도록 돈의 구조를 알아야 한다. 돈이 행복한 인생의 조력자 역할을 하도록 이끌어야 한다.

사실 따지고 보면 돈은 아무 잘못이 없다. 돈은 우리가 만들어 낸 창조물에 불과하다. 우리가 돈을 천사로 만들거나, 아니면 악마를 만들 수 있다는 말이다. 돈은 인공지능AI과 비슷하다. 인공지능은 스스로 배워서 인간의 본성을 닮아간다. 인공지능이 인간의 본성을 닮아가는 것처럼, 돈의 본성도 인간을 닮아간다.

아들아, 돈은 양파처럼 껍질을 벗길수록 눈물 나게 하기도 한다. 양파 껍질을 벗기듯이 돈을 한 장 한 장 넘기다가 보면, 어느새 눈에 눈물이 고인다. 그렇게 눈물 젖은 눈으로 보면 돈의 양면성이 보인다.

자본주의 경제에서 두툼한 지갑은 빛이며, 텅 빈 지갑은 어둠이다. 텅 빈 지갑은 가난이다. 그 가난의 굴레가 바로 돈의 크레바스다.

사랑한다. 아들아.

어느 영역에 있느냐에 따라서
돈의 기능이 달라진다

아들아, 집안에서 아버지인 나, 회사에서 직원이었던 나, 그리고 사회에서 작가인 나, 과연 어떤 모습이 진짜 나의 모습일까? 모두 다 아버지의 모습이다. 다만, 내가 어느 위치에 있느냐에 따라서 각각의 역할에 맞게 살아갈 뿐이다. 그것은 돈도 마찬가지다. 어디에 있느냐에 따라서 같은 돈이라도 역할이 달라진다.

사람은 개인으로서의 역할이 다르고, 가족 공동체, 사회 공동체, 국가 공동체, 더 나아가 인류 공동체의 일원으로서의 역할이

다르다. 그것은 돈도 마찬가지다. 그래서 삶의 공동체 안에서 돈이 어떻게 작동하는지 알고 있어야 한다.

첫째, 돈은 개인의 영역에서 작동한다. 경제 주체인 가계가 작동하는 원리로 흔히 재테크와 가계부의 역할에서 찾을 수 있다. 둘째, 돈은 사회 공동체의 영역에서 작동한다. 경제의 두 주체인 가계와 기업이 시장에서 생산자와 소비자로 만나는 영역이다. 미시경제학의 분야고, 여기에는 경영학과 마케팅이 주로 쓰인다. 셋째, 돈은 국가 공동체 영역에서 작동한다. 거시경제학 분야고, 재정정책과 통화정책에 의해 돈의 역할이 작동한다. 넷째, 돈은 글로벌 공동체 영역에서 작동한다. 대외무역 분야로서 기축통화인 달러의 역할과 환율로서 돈의 역할이 작동한다.

첫째, 가계에서 돈의 기능 [가계]

가계에서 돈의 작동 방식은 우리 집의 생활 속에서 충분히 보았다. 아버지가 돈을 벌어오고, 엄마는 아버지가 벌어온 돈으로 너희들의 교육비를 쓰는 등 집안 살림을 하고, 남은 돈을 저축하는 일련의 과정을 말한다. 이것이 바로 가계에서 사용되는 돈 기능의 핵심이다.

가계에서 돈은 가계부의 작동 방식이 적용된다. 주로 가계에 들어오는 소득은 임금이다. 임금은 노동으로 버는 소득을 말한다. 대부분의 가계는 노동에 의한 임금이 주가 된다. 가계에서 쓰는 돈은 주로 재화와 서비스를 사는 데 쓰인다. 그래서 지출이라고 한다. 가계의 지출은 소비로 이루어진다. 가계에 돈이 쌓이는 것이 저축이다. 저축은 소득에서 지출을 뺀 나머지 금액을 말한다. 만약 저축액이 0인 가계는 현상 유지를 할 것이고, 저축액이 커져서 돈이 계속 쌓여간다면, 가계의 재산은 늘어나는 것이다.

가계에서 돈은 소득, 지출, 저축, 대출, 투자가 항목이 되어 가계부의 원리로 작동한다. 그래서 가계부는 두 가지를 써야 한다. 하나는 비용 가계부이고, 다른 하나는 자산 가계부이다. 비용 가계부는 좌측에 소득이 있고, 우측에는 지출이 있다. 자산 가계부의 소득은 저축과 대출, 그리고 투자로 이루어진다. 미래에 가계의 재산이 증식하려면, 자산 가계부의 값이 커져야 한다.

자산 가계부에서는 대출과 투자의 항목이 중요하다. 자산 가계부는 월가계부, 연가계부를 써야 한다. 그래야 일, 월, 연 돈의 흐름을 정확하게 알 수 있다.

가계에서 돈을 운영하는 데 무엇보다 중요한 지침이 있다. 절대로 지출을 위한 대출을 해서는 안 된다. 저축할 시간에 투자해서는 안 된다. 지출보다 저축이 항상 먼저가 되어야 한다. 이 세

가지만은 가계 운영에서 지키길 바란다.

둘째, 사회 공동체에서 돈의 기능 [기업]

　아들아, 너는 대학교 4학년이 되었다. 네가 직장에 취직하면, 그때부터 사회 공동체에서 돈의 기능을 배우게 된다. 기업에서 돈이 어떻게 작동하는지를 알아가게 된다. 기업에서 돈의 작동 방식은 가계와는 차이가 있다. 예를 들면, 집에선 돈을 벌어 빵을 사는 기능이 중심이지만, 기업에선 돈으로 빵을 만들어 고객에게 파는 기능이 중심이 된다. 재화와 서비스를 생산하는 곳이 기업이기에 기업에서 돈의 기능은 생산과 판매 중심으로 작동한다. 생산을 위한 경영 관리가 기업에서 돈의 기능이다.

　사회 공동체에서는 기업이 돈의 운영 주체다. 사회 공동체에서 돈의 기능을 이해하기 위해서 가장 중요한 곳은 시장이다. 시장은 생산과 소비가 만나는 곳이기 때문이다. 시장에서는 경제 주체인 기업과 가계가 만나 교역이 일어난다. 기업은 재화와 서비스를 생산하고, 유통하고, 가계는 그것을 시장에서 구매한다. 이렇게 시장에서는 돈을 기반으로 교역이 이루어지며 소비자와 기업이 만나고, 그 중간에 돈이 매개체 역할을 한다.

기업의 운영 방식은 생산자로서 작동한다. 즉, 경영 전략을 토대로 한다. 경영이란 다른 사람들과 함께 그리고 다른 사람들을 통해서 효율적이나 효과적으로 일이 이루어지게 하는 과정을 말한다. 경영 관리에는 마케팅 관리, 생산 관리, 인적 자원 관리, 재무 관리, 조직 관리 등 다양한 영역이 있다. 네가 직장에 취직하면, 그중 한 부서에서 일하게 될 것이다. 아버지는 경영 관리의 핵심은 마케팅이라고 본다. 마케팅은 생산자로부터 소비자에게 제품 및 서비스가 흐르도록 관리하는 제반 활동을 수행하는 것으로, 기업이 사회 공동체에 재화와 서비스를 제공할 수 있다. 이것은 사회적 생산을 담당하는 핵심 역할 중 하나다.

마지막으로 기업 경영에서 돈의 역할 세 가지를 말하겠다.

첫째, 기업은 재화와 서비스를 판매하고 이윤을 남기는 것이 존재 이유라는 점이다. 둘째, 너는 그 기업에 너의 노동을 제공하고, 재화와 서비스를 생산하여 창출한 이윤 중 노동의 대가만큼 임금을 받게 된다는 점이다. 셋째, 기업은 인력과 자본금을 바탕으로 재화와 서비스를 생산하는 주체라는 점이다. 사회 공동체에서 기업은 이윤과 임금, 자본금의 역할을 이해하고 있어야 한다. 기업은 사회 공동체 안에서 돈의 역할 주체이다.

셋째, 국가 공동체에서 돈의 기능 [정부]

아들아, 21세기 자본주의 경제 구조에선 정부의 역할이 점점 커져야 한다. 시장의 구조가 복잡해지고, 각 주체의 이해관계를 조율하는 기능이 있어야 하기 때문이다.

10명이 살아가는 마을과 100명이 살아가는 마을과 1000명이 살아가는 마을이 있다. 10명이 살아가는 마을 사람들의 욕구는 10가지로서 조율이 수월하지만, 1000명이 살아가는 마을은 1000명의 욕구가 충돌해서 규칙과 질서를 위한 구조 형태가 복잡해진다. 그러니 5200만의 욕구가 부딪치는 대한민국의 국가 공동체는 고도의 경제 관리 시스템이 작동해야만 한다. 그것을 수행하는 경제 주체는 정부다. 현대 자본주의 경제 체제에서 정부는 재정 정책과 통화정책으로 경제의 흐름을 통제하고 있다.

국가 경제에는 네 가지 돈의 역할이 있다. 재화와 서비스의 값인 물가로서의 돈의 역할, 말 그대로 돈의 값인 금리로서의 돈의 역할, 노동 값인 임금으로서의 돈의 역할, 경제 성장률인 GDP라는 지표로서의 돈의 역할이다.

첫째, 물가는 재화와 서비스의 가격 동향으로 국가 경제에서 돈의 역할을 파악할 수 있다. 물가지표로 물건값의 흐름을 이해하면 국가 경제 속에서 돈의 흐름을 파악할 수 있다. 흔히 인플레이션이 일어나면, 기준 금리를 올리는 통화정책을 시행하게 된다.

둘째, 금리는 돈의 가치를 파악하는 경제지표로 돈의 역할을 통제할 수 있다. 저금리 경제 구조는 유동성이 늘어나 돈의 값이 내려갔다는 의미다. 시중에 돈의 유동성이 높아지면 가계의 소비가 늘어나고, 기업이 생산을 늘린다. 즉, 경기가 활성화된다. 반면 돈의 값이 내려갔기 때문에 재화와 서비스의 가격이 올라간다. 이렇게 돈의 가치가 떨어지는 저금리가 지속되어 물가가 상승하면, 중앙은행은 기준 금리를 올리기 위해 통화정책을 실행하여 돈의 가치를 높인다. 그럼 대출보다는 예금이 일어나면서 시중에 있는 돈이 은행으로 들어가게 된다. 돈의 가치가 상승하기 때문에 가계는 소비를 줄이고, 기업은 생산을 줄이게 되면서 경기가 침체하기 시작한다. 이렇게 금리를 통해서 돈의 흐름을 조절하는 것을 통화정책이라고 한다. 이것은 중앙은행과 정부 간의 긴밀한 협조로 일어난다.

셋째, 가계 주체의 소득인 임금을 통해서 돈의 역할을 알 수 있다. 국가 경제의 관점에서는 실업률이 중요하다. 고용률이 높아진다는 것은 노동값이 커지고 있다는 뜻이다. 반면에 실업률이 높아진다는 것은 노동값이 내려가고 있다는 뜻이다. 보통 저금리로 경기를 활성화하면, 노동값은 커지고, 고금리로 경기 침체가 일어나면 노동값이 내려가게 된다. 그리고 노동값인 임금의 흐름은 실업률과 임금 인상률로 파악할 수 있다.

넷째, 경제성장률 지표인 GDP를 통해서 돈의 역할을 알 수 있다. 경제 흐름의 지표인 GDPGross Domestic Product는 외국인이든 내국인이든 국적을 불문하고 우리나라 국경 내에서 이루어진 생산 활동을 모두 포함하는 개념이다. 흔히 '국내총생산'이라고 한다. 국가의 생활 수준이나 경제성장률을 분석할 때 사용되는 지표이다. GDP는 일정 기간의 생산액을 말하므로 생산적인 면에서 측정할 수 있고, 생산물을 생산하는 과정에 참여한 생산 요소들의 소득으로 나눠지므로 소득에 관한 분배도 측정할 수 있다. 또한 소득은 다시 재화와 용역의 소비로 지출되기 때문에 지출의 측정 또한 가능하다. 이처럼 GDP를 구하는 방법은 여러 가지지만 어떤 방법으로 GDP를 구하든 GDP 값은 모두 같다. 이를 3면 등가의 법칙이라고 한다.

넷째, 글로벌 공동체 단위에서 돈의 기능 [글로벌]

세계 글로벌 공동체에서 통용되는 돈은 미국 달러다. 미국 달러가 기축통화의 역할을 하는 진정한 세계의 돈이다. 그래서 달러의 흐름을 이해해야 한다. 이것이 글로벌 공동체 안에서 돈의 기능을 이해하는 지름길이다. 글로벌 공동체에서는 무역과 외환이 중요하다. 먼저 환율은 각국의 돈과 달러 간 교환 비율을 말한다. 이 교환 비율에 따라서 환율의 흐름을 이해하고, 원화와 미국 달러가 어떤 교환 등식이 이루어지고 있는지 파악해야 한다.

아들아, 돈은 이렇게 공동체 곳곳에서 인체 장기에 영양분을 공급하는 혈액같은 역할을 하고 있다. 그래서 현대 자본주의 사회를 한마디로 말하면 돈으로 만든 종이의 집이라고 한다. 우리는 거대한 종이의 집에 살고 있다. 그러니 돈의 역할을 이해함으로써 자본주의 세상을 이해하는 첫걸음을 내딛기를 바란다.

돈 공부가 세상 공부며, 인생 공부다.

사랑한다. 아들아.

돈은
혈액이자 창고다

아들아, 지금부터는 돈의 두 가지 역할을 말하려고 한다. 경제에서는 돈의 역할이 다른 무엇보다 중요하다.

첫째, 돈은 경제적 가치를 운반하는 혈액이다.

우리 몸에서 혈액이 영양분을 운반하는 것처럼, 돈은 경제 안에서 경제적 산물을 교환하는 매개체 역할을 하고 있다. 이런 돈의 역할 때문에 우리는 인류 문명을 찬란하게 만들 수 있었다.

돈의 역할 중에서 가장 중요한 것은 매개체로서의 역할이다. 즉, 돈은 사람과 사람 사이에서 가치와 효용으로 운반 도구의 역할을 한다. 어떤 가치 있는 물건을 생산한 사람과 그 가치를 사용해서 효용성을 만들려는 사람 사이에서 교환이 원활할 수 있도록 윤활유 역할을 하는 것이다. 우리는 돈 덕분에 가치 생산자로 참여하기도 하고, 때로는 가치 소비자로 효용성을 이용하기도 한다. 돈의 운반 도구로서의 역할을 아는 것만으로도, 경제 구조가 어떻게 형성되었는지 알 수 있다.

'돈은 경제의 혈액이다'. 아버지는 이 문장이 돈의 매개체 역할을 나타내는 핵심 문장이라고 생각한다. 먼저 몸에서 혈액의 기능을 살펴보면 경제에서 돈의 기능을 찾을 수 있다.

혈액은 우리 몸속에서 크게 세 가지 기능을 한다. 첫째, 운반 작용이다. 폐에서 들어온 산소와 음식을 소화해서 만든 에너지를 몸의 구석구석에 운반하는 열차의 기능을 한다. 둘째, 조절 작용이다. 혈액은 호흡 조절, 체온 조절, 체액 조절의 기능을 담당한다. 셋째, 감염을 방지한다. 출혈 방지 기능과 세균과 이물질을 탐식하여 신체의 방어 기능을 담당한다. 경제 생태계에서는 돈이 그 역할을 하고 있다. 바로 피의 기능 중에서 가장 중요한 산소와 에

너지의 운반 작용을 하는 것처럼, 돈은 경제 생태계에서 재화와 서비스의 효용 가치를 옮겨다 주는 역할을 한다. 만약 경제 생태계에 돈이 없다면 재화와 서비스를 생산하고, 유통하고, 소비하는 일련의 경제 활동을 할 수 없다.

둘째, 돈은 경제적 가치를 저장하는 창고다.

우리가 만들어낸 재화와 서비스의 가치는 돈이라는 창고에 보관할 수 있다. 그래서 돈이 경제적 가치를 저장하는 수단이라고 하는 거다. 이에 앞서 교환가치라는 말을 이해할 수 있어야 한다. 돈의 가치가 어떻게 저장되는지 알아야 한다.

교환가치는 경제학 용어다. 교환가치와 같이 자주 사용되는 것은 사용가치다. 교환가치, 사용가치. 이게 도대체 무슨 말인가? 처음 접하면 그 의미가 명확히 다가오지 않지만, 결코 어려운 말은 아니다. 말이 가진 의미를 그대로 이해하면 된다. 교환할 수 있는 가치가 교환가치고, 사용할 수 있는 가치가 사용가치다.

먼저 사용가치의 대표주자는 밥이다. 다음 교환가치의 대표주자는 돈이다. 밥은 배고픔을 해결할 수 있는 한 끼 식사로의 가치가 있다. 반면에 돈은 사용가치 측면에선 가치가 없고, 다른 가치 있는 물건을 교환할 수 있는 교환가치가 있다. 종이를 땔감으로 사용할 수 없다는 뜻이다. 돈은 교환가치의 물건이다. 그래서 돈에는 가치가 저장되어 있다고 한다. 물론 그 가치는 신용을 기반으로 저장되어 있다. 만약에 신용이 깨어지면, 돈은 교환가치를 잃어버리고 바로 휴지 조각이 된다. 제1차 세계대전에서 독일이 패망한 후 마르크화가 초인플레이션으로 휴지 조각이 되었던 적이 있고, 베트남 전쟁에서 베트남이 패망하면서 베트남 동이 휴지 조각이 되는 현상이 있었다.

여기서 돈에 가치가 저장되는 과정을 살펴볼 필요가 있다. 예를 들면 닭은 금 1돈, 돼지는 금 3돈, 소는 금 10돈으로 각각의 물건의 가치를 금으로 산정하기 시작했다. 금 1돈이 있으면, 닭을 얻을 수 있는 교환가치를 가지는 것이고, 금 3돈이 있으면 돼지를, 금 10돈이 있으면 소를 얻을 수 있는 교환가치가 생기는 경제구조가 만들어졌다. 그때부터 금은 교환가치가 저장된 돈의 역할을 하게 된다. 나중에는 금 보관증만 가지고도 물건을 교환할 수 있는 사회 구조가 탄생했다. 금 보관증이 돈이 되었다. 그리고 금을 보관하지 않더라도 국가가 종이를 돈으로 보증한다는 신용을 부여함으로써 오늘날의 돈이 탄생했다. 이렇게 돈의 가치는 신뢰를 바탕으로 저장되었다. 돈은 모든 물건을 교환할 수 있는 가치를 가진 유일한 물건이 되었다.

아들아, 돈 공부는 인생 공부였다

아들아, 돈이 경제적 가치를 매개하는 '돈의 혈액 법칙'과 돈이 경제적 가치를 보관하는 '돈의 창고 법칙', 이 두 가지는 머리뿐 아니라 몸으로 이해하길 바란다.

사랑한다. 아들아.

돈은
경제의 저울이다

아들아, 돈은 경제적 가치를 판단하는 저울이다. 마치 저울에 금을 올려 무게를 재듯이, 재화와 서비스는 돈이라는 저울에 올려 가치를 판단할 수 있다. 우리가 만들어낸 경제적 산물은 모두 돈이라는 저울로 가치를 책정하고 있다. 점차 자연의 산물도 경제의 산물이 되어서 돈으로 값을 매긴다. 예를 들면 물이 그렇다.

50년 전만 해도 물은 자연의 산물이었다. 그러나 지금은 경제적 산물이 되었다. 경제적 가치라는 말을 들어 봤을 것이다. 이 말은 지금은 돈으로 값을 매길 수 없는 사물이 미래에는 돈의 값이 매겨질 가치를 이르는 말이다. 돈이라는 저울로 경제적 가치를 판단할 수 있다.

돈이 가치 판단의 기준으로 역할을 하고 있음에도 불구하고 돈과 관련된 오해가 많다. 황금만능주의, 물질만능주의, 배금주의, 물신숭배 등 돈을 죄악시하는 말이 대상이다. 물론 돈을 소중하게 여기는 것을 넘어서 지나치게 집착하는 세태를 꼬집어 바로잡기 위함도 있다. 그런데 이 말이 너무 자주 쓰이는 것은 그만큼 돈이 세상의 중심에 있다는 반증이기도 하다.

우리가 학교에서 배우는 도덕 교육의 핵심은 배금주의를 배척하고 인본주의를 찬양하는 내용이 주를 이룬다. 위인전에서는 황금 보기를 돌같이 하라고 하고, 성경에는 부자가 천국을 가는 것은 낙타가 바늘구멍을 통과하는 것만큼 어렵다고도 한다. 하지만 돈은 가치 판단의 기준이기에 우리는 돈 중심으로 세상을 살 수밖에 없다.

돈이 세상의 모든 가치를 평가하는 사회 구조 속에서 돈은 모든 평가의 가장 중심에 서 있다. 돈으로 상품의 가치와 예술의 가치, 사회적 가치를 평가하고, 심지어 사람의 가치마저 돈으로 평가하고 있다. 핸드폰은 100만 원, 예술가의 그림은 1억 원, 지구를 살리자는 환경 운동은 1000억 원의 경제 효과, 어떤 사람의 노동은 연봉 5000만 원이라고 돈의 기준으로 가치를 평가하고 있다.

돈이 세상의 중심에 있다. 그래서 가치 척도의 기준으로서 돈의 역할이 매우 중요하다.

아들아, 돈의 역할은 몸으로 이해하고 있어야 한다. 머릿속에 돈의 이론만 알고 있는 것은 문법으로만 영어 회화를 배우는 것과 진배없다. 돈의 역할을 몸으로 체험해서 돈을 모국어처럼 사용해야 한다.

사랑한다. 아들아.

돈은 상황에 따라서
가치가 변하는 속성이 있다

아들아, 추억의 개그 프로그램 〈웃찾사〉를 기억하느냐? 〈웃찾사〉의 유명한 코너 중에는 '그때그때 달라요'라는 게 있었는데, 해바라기를 머리에 꽂은 미친소가 영어 문장을 자기만의 방식으로 번역하여 알려주는 코너였다. 같은 단어인데 미친소가 하는 해석은 매번 달랐다. 예를 들면, Car를 차라고 해석했다가 술 마시고 내는 감탄사 카아~로도 해석했다. 해석이 왜 다르냐고 사회자가 의문을 제기하면 미친소는 "그건 그때그때 달라요, 생뚱맞죠?"라고 했다. 당시 이 말은 초대박 유행어였다. 그런데 돈의 속성도 그때그때 다르다. 현대 자본주의 사회에서 경제 환경에 의해서 돈은 그때그때 달라진다. 돈은 정말 생뚱맞다.

돈의 본원적 역할은 물건 교환의 매개체 역할을 하는 '돈의 혈액 법칙', 물건의 가치 평가의 척도가 되는 '돈의 저울 법칙', 그리고 자산 증식의 수단이 되는 '돈의 창고 법칙'을 공부했다. 초기 자본주의 시대에는 이 본원적인 역할만으로도 돈의 본질을 충분히 이해할 수 있었다. 그러나 경제 구조가 복잡하고 커지면서 돈의 부가적인 역할이 첨가되었다. 앞서 말한 본원적인 역할은 말 그대로 '돈의 기본 성질'이다. 그래서 본원적인 역할보다는 오히려 부가적인 역할을 이해하는 것이 현대사회에서는 더욱 중요하다.

돈은 자본주의의 유일신이 되었다. 참으로 무서운 말이지만 어쩔 수 없다. 돈의 속성을 들여다보면 이 말을 부정할 수 없다. 그것이 더욱 서글프다. 여기서 통화가치를 다시 설명하겠다. 통화가치는 자본주의 경제 구조를 이해하는 데 매우 중요한 용어이기 때문이다. 어쩌면 돈의 존재를 이해하는 시작은 통화가치라는 말을 이해하는 데 달려 있다.

배추를 예를 들어서 설명하겠다. 작년에는 배추가 한 포기에 1000원이었는데, 올해는 1500원이 되었다고 치자. 배추의 입장에서는 가치는 그대로인데, 가격만 1000원에서 1500원으로 올랐다는 말이고, 돈의 입장에서는 1000원이면 살 수 있었던 것을 1500원 주고 샀다는 말이다. 돈의 입장에서 배추의 가치는 변동이 없는데, 돈을 더 주고 사는 것이니 이것은 통화가치가 500원 떨어졌다는 의미다.

통화가치는 세 가지의 요소에 의해서 영향을 받는데, 이 요소로 통화가치의 종류를 분류할 수 있다. 이렇게 분류된 통화가치는 변동 요소가 있다. 어떨 때는 통화가치의 절대성 값에 따라 변하기도 하고, 통화가치의 유동성 값에 따라서 변하기도 하고, 통화가치의 비교성 값에 의해서 변하기도 한다. 돈의 속성은 경제 흐름에 따라서 달라진다. 이것으로 돈의 속성을 파악할 수 있다.

첫째, 돈의 절대성 값이다.

통화가치의 절대성 값은 돈의 크기로 결정될 수 있다. 쉽게 말하면 돈의 크기가 크면 클수록 통화가치는 상승한다는 의미다. 10만 원의 힘보다, 100만 원의 힘이 더 세고, 100만 원의 힘보다 1000만 원의 힘이 더 세다. 더 나아가서 1억 원, 10억 원, 100억 원, 1000억 원, 좀 더 나아가서 1조 원이라고 하면 돈의 힘은 신의 경지에 이르게 된다.

통화가치의 힘은 이렇게 돈의 크기에 따라서 기하급수로 커지게 되어 있다. 돈을 뭉쳐서 크기를 키우는 이유다. 그래서 통화가치의 절대성 값은 돈은 뭉치면 살고, 흩어지면 죽는다는 의미로 표현한다.

돈의 종류는 푼돈, 종잣돈, 목돈이 있다. 그렇게 나누는 기준은 돈의 크기다. 돈은 뭉친 정도에 따라서 푼돈에서 종잣돈이 되기도 하고, 더 나아가 목돈이 되기도 한다. 푼돈은 아무런 힘이 없다. 돈은 최소한 종잣돈의 크기로 뭉쳐야 크기에 따른 힘을 가지기 때문이다. 꼭 눈덩이와 같다. 큰 눈덩이를 굴리면 보다 많은 눈을 뭉칠 수 있는 원리다. 최소한 투자라는 것을 하려면 일정 크기 이상의 종잣돈을 마련해야 한다.

돈의 크기가 가장 큰 목돈이 있으면 투자의 수익률은 높이고, 위험도는 낮출 수 있다. 도박판에서 게임에 참가하는 돈이 크면 클수록 돈을 딸 수 있는 확률이 높은 것과 같은 이치다. 돈은 뭉쳐야 힘을 발휘한다는 성질이 돈의 통화가치에 의한 절댓값의 속성이다. 부자는 돈의 절대성 법칙을 이해하는 사람이다. 그래서 돈을 뭉치는 데 온 힘을 다한다.

둘째, 돈의 유동성 값이다.

돈의 유동성 값은 시중 통화량과 관련이 깊다. 경기가 침체하면 중앙은행은 시중에 돈을 풀어서 경기 활성화를 꾀한다. 2008년 글로벌 금융위기 때 기준 금리 인하와 양적완화로 돈을 풀었고, 2020년 코로나19로 팬데믹이 발생했을 때도 시중에 통화량이 커지는 현상이 있었다. 한마디로 중앙은행이 공중에 돈을 무작위로 뿌리듯이 시중에 풀었다. 2022년 우리가 겪고 있는 3고(고물가, 고금리, 고환율)의 고통은 그 유동성에 의한 업보라고 할 수 있다.

2020년 초 팬데믹으로 경기침체가 예상되자마자, 중앙은행에서 푼 돈은 제일 먼저 비트코인 같은 가상 자산을 폭등하게 했다. 보통 유동성에 의한 자산 폭등은 자산 중에서 변동성이 높은 투기성 자산부터 시작되었다. 그다음은 주식이 폭등했다. 코스피 지수가 3000대까지 올라갔다. 여기에 마지막 방점을 찍은 것은 부동산 자산이었다. 그리고 마침내 물가마저 폭등하기 시작했다. 인플레이션이 일어났고 이는 유동성이 끝까지 왔다는 것을 반증한다.

정리하면 가상 자산을 시작으로 주식 자산, 부동산 자산, 마지막으로 물가가 올라가면서 통화가치가 바닥으로 떨어진 거다. 통화가치의 하락이 물가에까지 영향을 미쳤다는 말은 경기가 위험

수준에 이르렀다는 신호였다. 그래서 중앙은행은 통화가치를 높이기 위해서 강제적으로 기준 금리를 올리는 통화정책을 시행한 것이다. 돈의 가치가 더 이상 바닥으로 떨어지면 경제의 펀더멘털Fundamental이 흔들리기 때문이다.

아들아, 통화가치가 바닥으로 떨어지면 경제에 치명상을 입힌다. 1921년부터 1923년까지 독일의 통화가치가 땅바닥까지 떨어져 어떻게 경제 구조를 흔들었는지를 보면 알 수 있다.

1921년 12월에 3.9마르크면 살 수 있던 빵 한 덩이가 1923년 10월에는 17억 마르크를 내야만 살 수 있었다. 그때는 물가가 어찌나 빠르게 오르던지 통화가치는 한 시간 만에 두 배 하락했다. 식당에서 메뉴판으로 음식 가격을 알릴 수 없는 지경이었다고 하니, 지금은 상상할 수 없는 초인플레이션이다. 이런 상황에서는 기본적인 경제 생활을 도저히 영위할 수 없기 때문에 중앙은행이 물가인상에 그렇게 민감하게 반응하는 거다. 보통은 중앙은행은 인플레이션의 파이터라고 하는데, 어버지는 중앙은행이 통화가치의 수호자라고 본다. 돈을 자본주의의 신으로 여기고, 돈의 권위가 떨어지지 않게 기준 금리라는 핵폭탄을 가지고 통화가치를 지키는 수호자다.

셋째, 돈의 비교성 값이다.

신문에서 경제전문가가 달러 환율이 1500원까지 간다고 우려하는 얘기를 들었다. 우리는 왜 달러 환율 상승을 걱정해야 할까? 여기에 통화가치 비교값의 비밀이 숨어 있다. 보통 통화가치 비교값은 달러와 원화의 교환 비율이 통화가치에 영향을 미치는 값을 의미한다.

나라별 돈의 종류는 다양하다. 미국 달러, 일본 엔화, 중국 위안화, 유럽 유로화, 스위스 프랑, 한국 원화 등으로 국가의 숫자만큼 있다. 우리나라 돈은 원화다. 원화는 독립적으로 통화가치가 결정되는 것이 아니라, 세계 각국의 돈들과의 비교값에 의해서 결정된다. 이것을 원화의 '통화가치 비교값'이라고 한다. 통화가치 비교값은 미국 달러와 깊은 관련이 있다. 왜냐하면 미국 달러가 핵심 기축통화기 때문이다. 한마디로 미국 달러가 세계의 돈이다.

OPEC(석유수출기구) 국가에서 석유를 사 오려면 원화로는 살 수 없다. 정유 회사는 원화를 달러화로 바꿔야만 석유를 살 수 있다. 그래서 원화와 달러 간의 비교값이 중요하다. 보통 1달러를 환전하려면 원화 1100원 수준이었다. 그런데 연준이 미국 달러의 기준 금리를 자이언트스텝(0.75%)으로 연속 세 번 올리면서 금리 차이가 역전되는 현상이 벌어졌다. 기준 금리를 올린다는 말은 달러의 통화가치를 올린다는 말이고, 이렇게 되면 원화의 통화가치는 상대적으로 떨어진다.

통화의 비교값이 중요한 이유를 자세히 설명하면 이렇다. 우리나라 정유 회사가 사우디아라비아에서 1달러만큼 석유를 사려면, 달러 환율이 1100원일 때는 1100원으로 1달러의 석유를 살 수 있다. 그런데 달러 환율이 올라서 1달러가 1500원이 되었다면, 정유 회사는 1달러만큼의 석유를 사기 위해서 1500원을 주어야 한다. 원화의 통화가치는 1100원에서 1500원이 되면서 400원의 통화가치가 하락한다. 원화는 아무것도 하지 않았는데, 달러와의 통화가치 비교값으로 인해서 원화의 통화가치가 하락하는 현상이 일어난다.

아들아, 환율이 1400원까지 올라간 것에 왜들 호들갑이었는지 알겠지. 환율에 돈의 속성이 숨어 있기 때문이다. 이 사실이 돈의 부가적인 본질을 좌우하는 요소다. 글로벌 교역은 미국 달러로만 할 수 있다. 우리나라 돈인 원화를 가지고는 사우디아라비아에 가서 석유도 살 수 없고, 우크라이나에 가서 밀가루도 살 수 없다. 이렇게 원화를 달러로 바꾸는 교환값을 원 달러 환율이라고 한다. 보통은 1달러에 1100원으로 교환되었는데, 요즘은 원화 1400원을 주어야 교환된다. 이 얘기는 달러 대비 원화의 통화가치가 떨어졌다는 말이다. 우리 주머닛돈인 원화의 통화가치가 20% 이상 떨어진 거다.

어쩌면 삶에 대한 명확한 확신을 할 수 없는 세상이다. 그런 세상에서 어설픈 조언과 값싼 위로는 실효가 없다. 이런 사회에선 차라리 냉정하지만, 현실을 가감 없이 말할 필요가 있다. 돈은 자본주의 유일신이다. 이것이 현실이라고 말해주고 싶다. 아버지의 지난날을 뒤돌아보니 삶을 채우는 것은 노동도 아니며, 유희도 아니었다. 돈의 힘이었다. 세상의 통념과 주변 사람의 시선에 갇힌 돈의 속박을 풀어내고, 있는 그대로의 돈의 속성을 이해하고서 삶의 전환점을 찾아야 한다. 그래야만 고물가, 고금리, 고환율의 시대에 기나긴 자본의 허기를 채울 수가 있다.

사랑한다. 아들아.

돈과 사람의 속성을 알면
부자가 될 수 있다

돈의 값을 따라가면 돈의 흐름이 보인다. 돈의 흐름은 돈 자체의 속성에 달려 있기도 하고, 때로는 그 사람이 살아가는 인생 속에 있기도 하고, 사람의 욕망 속에 있기도 하다.

첫째, 돈은 뭉쳐야 힘을 가진다.

돈의 속성 중에서 가장 중요한 속성이 바로 돈은 뭉쳐야 힘을 가진다는 것이다. 돈은 돈만의 특성을 갖고 있다. 돈이 가진 특성이 바로 돈의 본질이 된다. 돈의 속성 중에서 가장 주목할 법칙은 뭉칫돈의 속성이다. 푼돈은 낱개 단위로 흩어져 있는 돈이고, 종잣돈은 푼돈이 쌓여 뭉칫돈으로 뭉쳐진 돈이다. 뭉침과 흩어짐의 차이에 돈의 특성이 다 담겨 있다. 돈은 눈덩이처럼 뭉쳐져 있을 때만 자본의 힘을 가질 수 있기 때문이다. 돈이란 뭉쳐져 있지 않으면 아스팔트 위에 내려진 싸락눈처럼 녹아서 사라져 버리는 성질을 가지고 있다. 이런 푼돈은 힘이 없다.

절약의 목표는 뭉칫돈을 만드는 데 있다. 절약만이 돈을 뭉치게 한다. 그런 돈의 특성을 이해하는 사람만이 부자가 될 수 있다. 그러나 대부분의 사람은 이러한 돈의 특성을 이해하지 못하고 있다. 평범한 사람의 수준을 벗어난 지극히 예외적인 몇몇 사람들만이 그 특성을 알고 있다.

아들아, 뭉칫돈의 힘, 그 절대 반지의 힘을 부자들은 알고 있다. 그들은 뭉칫돈이 되기까지 푼돈을 쌓아 가는 수고를 기꺼이 감수하며 살아간다. 부자들의 소비 습관은 가난한 사람들의 소비 습관과는 다르다. 투자에는 큰돈을 과감하게 쏟아붓는 데 주저하지 않지만, 소비에는 푼돈을 악착같이 아끼는 경우가 많다. 오히려 가난한 사람들이 소비에 돈을 과감하게 쏟아붓는 경우가 대다수를 이룬다. 부자는 푼돈을 소비하는 것보다 차곡차곡 쌓아 가는 저축을 한다. 뭉칫돈이 모여지면 돈을 불리는 투자에 과감하게 쏟아붓는다. 부자는 돈의 플러스 효과가 있는 절약과 저축 그리고 투자에 집중하여 돈이 쌓이고, 반면에 가난한 사람은 돈의 마이너스 효과가 있는 지출 구조가 굳어져 계속해서 푼돈으로 돈을 사라지게 한다. 시간이 흐를수록 부자는 더 부자가 되고, 가난한 사람은 더 가난하게 된다.

돈은 뭉치면 살고 흩어지면 죽는다. 사람뿐만이 아니라 돈도 마찬가지다. 절약이라는 접착제를 이용해 아무리 작은 푼돈이라도 꼭꼭 눌러서 뭉쳐야 한다. 부자의 길은 절약으로 갈고 닦은 오솔길이라고 하는 이유가 여기에 있다. 이들이 현금을 모으는 경제적 해법은 모두 절약과 저축에서 나온다. 이것은 예외가 없는 법칙이다. 다만 일부는 다르다. 소수의 사람은 경제 정책과 흐름을 미리 알 수 있는 정보를 가지고 있다. 대부분 정부 기관이나 경제 정책 관련 기관의 종사자들이며, 이들은 정보를 활용해 현금 흐름을 확보하기도 한다.

둘째, 인생의 길 중 가장 고달프고 험난한 길에 돈이 있다.

아들아, 인생이 너무 순탄한 길만 있는 것은 아니다. 사실은 너무 밝고 햇볕이 쨍쨍한 날만 계속되어도 안 된다. 햇빛만 내려쬐는 땅은 사막이 되는 것처럼, 우리 삶도 너무 밝고 화창하기만 하면 건조해진다. 사람의 인생은 때로는 태풍으로 비바람이 몰아치기도 하고, 햇볕이 쨍쨍 내려치는 불볕더위가 푹푹 쪄봐야 삶의 기반이 꽉 차 고개를 숙인 가을의 벼처럼 풍성해진다. 그런 면에서 투자할 때는 일기 순환을 잘 알고 있어야 한다. 투자는 시간, 수익률, 위험이 세 가지 핵심 요소다. 그리고 투자할 때는 반드시 원칙이 있어야 한다. 첫째, 목표 시간을 정해야 한다. 3일, 3주, 3개월, 3년 등으로 투자 시간을 정해야 한다. 둘째, 목표 수익률이 있어야 한다. 수익률이 높으면 무조건 좋다는 식은 곤란하다. 셋째, 위험도를 산정할 줄 알아야 한다. 위험도도 모른 채 투자하는 것은 깜깜한 어둠을 뚫고 산을 등반하는 것과 같다. 뭉칫돈의 역할을 알고, 투자의 흐름을 알고, 현금을 확보하고 있다면 투자는 땅 짚고 헤엄치는 것과 같다. 돈의 흐름을 아는 사람만이 돈을 벌 수 있다. 부자들은 고달프고 험난한 길 위에 돈벌이가 있다는 것을 알고 있다. 즉, 부자로 가는 길은 필히 고달프고 험난하다.

셋째, 돈은 사람의 욕망 속에 있다.

사람을 알려면 그의 지갑과 쾌락, 그리고 불평을 보라. 탈무드에 나오는 말이다. 돈과 욕망, 그리고 불만 속에서 사람의 본질을 찾을 수 있다는 뜻이다. 사람뿐만 아니라 이 세상에 존재하는 모든 사물은 그 사물이 존재함으로써 만들어낸 결과물이 본질이 될 수밖에 없다. 이렇듯이 세상의 모든 물건은 저마다의 특성이 있다. 그 물건이 가진 고유한 특성이 때로는 그 물건의 본질이 되기도 한다. 돈은 인간의 욕망에 자리 잡은 불평과 쾌락 속에 있다. 돈 자체의 속성을 들여다보거나, 인간의 본성을 들여다보거나, 우리의 삶을 들여다보고 그곳에서 돈의 흐름을 알아야 부자의 길로 갈 수 있다.

사랑한다. 아들아.

돈의
다섯 가지 통로

토끼도 세 굴을 판다는 속담이 있다. 안전을 위한 통로를 최소한 세 개 정도는 마련하고, 굴을 선택한다는 뜻이다. 토끼에게 세 개의 굴이 있다면, 개인에게는 돈의 다섯 가지 통로가 있어야 한다. 개인은 경제 상황에 따라서 그 통로를 자유자재로 이동하면서 선택해야 한다.

아들아, 이번에는 돈이 개인의 삶과 어떻게 연결되어 있는지 말하고 싶다. 돈과 개인의 삶은 다섯 가지 통로로 연결되어 있다.

첫째, 돈이 들어오는 소득의 통로다.

개인이 사회에서 돈을 버는 통로는 세 가지가 있다. 근로소득, 사업소득, 자본소득이다. 근로소득은 노동과 시간을 제공하고 돈을 버는 소득이다. 사업소득은 사업을 통해서 돈을 버는 소득이다. 자본소득은 자본을 통해서 돈을 버는 소득이다. 보통 근로소득은 청년기에, 사업소득은 장년기에, 자본소득은 노년기에 소득 통로로 연결되어 있어야 인생이 순탄하다. 경제의 생애주기에 맞는 소득 통로를 가져야 한다.

둘째, 돈을 사용하는 지출의 통로다.

지출의 통로에는 투자 지출, 필요 지출, 욕망 지출이 있다. 투자 지출은 미래의 가치에 돈을 쓰는 것으로 보통 교육이 여기에 해당한다. 필요 지출은 생활필수품에 쓰는 지출이다. 개인이 일상생활에 필수적으로 필요한 재화와 서비스를 구매하는 것이 필요 지출이다. 필요 지출에는 세금도 해당한다. 생활을 유지하기 위해서 어쩔 수 없이 돈이 나가는 필요 지출은 고정비와 변동비를 구별해서 관리하길 바란다. 욕망 지출은 과시하기 위한 욕망으로 쓰는 지출을 말한다. 승차감이 아니라 하차할 때 느끼는 남의 시선 때문에 고급 승용차를 구매한다면 이것이 욕망 지출이다. 이 욕망 지출을 억제할 줄 아는 사람이 돈을 통제할 줄 아는 사람이다.

셋째, 돈을 쌓아 가는 저축의 통로다.

돈을 버는 소득 중에서 돈을 쓰는 지출을 빼고 나머지는 돈을 쌓아 가는 저축을 해야 한다. 저축은 원금 손실이 없는 예금을 추천한다. 또한 그 예금 중에서 매월 정기적으로 일정 금액을 예금하는 정기적금이 좋다. 정기적금으로 강제 저축을 하면, 지출도 통제할 수 있기 때문이다. 저축은 원금 손실이 없다. 대신 긴 시간의 인내를 요구한다. 그래서 저축에는 돈이 아니라 시간을 투자한다고 한다. 짧은 단기가 아니라 아주 오래 묵히는 장기로 시간을 투자해야 한다.

넷째, 돈을 빌려 쓰는 대출의 통로다.

사회에서 남의 돈을 빌려 쓰려면 담보와 신용이 있어야 한다. 담보나 신용 없이 남의 돈을 빌려서 쓰는 것은 불가능하다. 은행에서 돈을 빌려 쓰는 조건에는 담보와 신용이 필수다.

대출의 종류에는 담보대출과 신용대출, DSR 이 세 가지가 있다.

먼저 담보대출은 부동산과 연결되어 있다. 개인이 은행에서 받을 수 있는 것은 부동산담보대출이다. LTV Loan to Value라고 한다.

다음은 신용대출이다. DTI Debt to Income다. 신용은 월급쟁이의 월급이 제공하는 담보이다. 안정적인 직장에서 매월 꼬박꼬박 받는 월급이 신용의 역할을 한다. 소득과 대비해 대출해주는 것이 신용대출이다.

마지막으로 신용과 담보를 총망라해서 부채총액으로 관리하는 대출이다. 대출의 조건을 강화한 대출 DSR Debt Service Ratio이다. 자기 자본 이외에 부채를 합해서 레버리지를 활용한 투자를 할 때는 은행에서 총원리금을 상환하는 조건으로 대출을 해준다. 이 대출 조건에 맞추어야만 남의 돈을 쓸 수가 있다.

다섯째, 돈을 돈으로 불려가는 투자의 통로다.

돈으로 돈을 불리는 투자는 자본주의에서 가장 고난도의 기술이다. 그래서 투자에는 배움이 있어야 한다. 투자의 종류는 다양하다. 펀드와 리츠 같은 투자 전문가를 활용하는 투자, 주식과 채권에 투자하는 간접투자, 직접 부동산을 구입하는 재테크 투자, 가상 화폐 같은 위험자산에 투자하는 방법 등이 있다. 하지만 투자에는 원칙이 있어야 한다. 반드시 경제 흐름을 이해하는 기초적인 지식을 갖고 해야 한다.

아들아, 돈의 통로 다섯 가지를 이해하는 것이 경제적 안정과 삶의 안정을 이루는 바탕이 된다. 벼락치기는 불가능하다. 어릴 때부터 꾸준하게 해야 한다. 경제 조기교육이 필요한 이유는 경제의 생애주기 때문이다. 너희에게 어릴 때부터 궁핍한 생활 속에서도 경제 공부를 시켰던 이유다.

사랑한다. 아들아.

돈은 흐름이
중요하다

돈의 흐름에서 핵심은 금리다. 고금리 시대에는 돈이 흐르지 않는다. 그래서 원활한 흐름을 만들어야 한다.

아들아, 동맥경화가 아니고 '돈맥경화'라는 말이 있다. 혈액의 흐름이 막히는 것이 동맥경화라면, 돈의 흐름이 막히는 것이 돈맥경화다. 돈이 세상 곳곳에서 원활하게 흘러갈 때 비로소 세상은 행복해진다. 돈의 흐름에는 두 가지 중요한 요소가 있다. 하나는 경제 주체 간의 신뢰이고, 다른 하나는 돈이 경제 주체들 사이를

아들아, 돈 공부는 인생 공부였다

이동하는 경제 질서다. 신뢰와 질서가 무너지면 경제는 돈맥경화의 수렁에 빠지게 된다.

세상에는 신들이 살고 있다. 신 중에서 가장 못된 신은 불신이라고 한다. 아무리 강한 조직도 불신이 강림하면 바로 파괴된다고 한다. 우리가 세운 모든 건축물에는 많은 방이 있다. 그 방에는 손실, 성실, 행실, 확실이라는 이름이 붙어 있다. 그중 가장 위험한 방의 이름은 '불확실'이다. 아무리 안전한 건축물이라도 불확실이라는 방 하나가 솟아나면 바로 무너지게 된다. 경제에서 가장 경계해야 할 것이 바로 이 두 가지, '불신'과 '불확실'이다. 이것은 무엇보다 빠른 전염성을 가진 바이러스다.

레고랜드가 채권시장에 불신 하나를 떨어뜨렸다. 불신이 강림한 채권시장에 한전이 불확실의 방문을 열고 들어갔다. 대한민국의 채권시장은 발작이 일어났다. 이것이 경제의 바다에 일어난 채권 태풍의 모습이다.

아들아, 돈맥경화를 이해하려면 먼저 레고랜드 사태를 이해해야 한다. 사태의 개요는 이렇다. 강원도 지역 관광 상품으로 레고랜드를 건설하기로 했다. 레고랜드 건설은 '강원중도개발공사'가 주도한 사업이다. 강원중도개발공사 지분은 강원도청이 44%, 멀린엔터테인먼트가 22.5%, 한국고용정보가 9%의 지분을 소유하고 있다. 보통 이런 건설 사업은 담보가 아니라 미래의 운영 가치를 기반으로 투자하는 프로젝트인 파이낸싱PF으로 자금을 조달한다. 2020년도에 강원중도개발공사가 레고랜드의 건설 자금을 조달하기 위해 유동화전문회사 아이원제일차를 설립하고, 2050억 원 상당의 '자산유동화증권Assert Backed Commercial Paper'을 발행했다. 여기에 강원도가 지급 보증을 섰다.

ABCP는 만기일이 도래했을 때 대금을 지급해야 하는 기업어음의 성격이 있다. 그래서 돈을 빌릴 때 신뢰를 높이기 위해서 강원도가 전액을 갚아주기로 빚보증 계약을 했다. 그런데 2022년 9월 28일, 강원도지사가 강원도는 지급보증을 못선다고 선언했다. 결국 2022년 10월 5일, 레고랜드 설립을 위한 채무보증 금액인 2050억 원 규모의 자산유동화증권의 발행자인 '아이원제일차'가 최종 부도 처리되었다. 그리고 지금 채권시장에는 불신의 불이 채권시장 전체를 다 태워버릴 기세로 번지고 있다. 보통 채권시장에서 국채와 지방채는 가장 안전한 채권인데, 지방채인 레고랜드의 PF가 부도 처리되면서 회사채까지 위험하다는 불신이 봇물 터지듯 터져 나오고 있다.

다음은 한전의 불확실 문제다. 한전은 그동안 공공요금 억제 정책에 따라 전기료 인상을 하지 못했다. 반면 전기 생산 단가는 가스와 원유 가격의 고공행진으로 높아졌다. 아마도 30조 원이 넘는 적자가 쌓일 것으로 예측한다. 한전은 결국 운영 자금 확보를 위해 채권을 발행해서 자금을 조달해야 한다. 그런데 이미 2022년부터 지금까지 23조 3500억 원 상당의 금액은 채권을 발행해서 이미 자금을 조달했다. 하지만 앞으로도 더 채권을 발행해서 운영 자금을 조달해야 하는 상황이다. 한전은 추가로 채권을 발행해서 운영 자금을 확보하려고 할 것이고, 결국 채권시장에서 자금을 빨아들이는 블랙홀이 될 거라는 불확실이 팽배해졌다.

아들아, 레고랜드의 불신과 한전의 불확실이라는 악재가 겹치면서 채권시장에 돈맥경화가 발생했다. 지금부터는 돈맥경화가 무엇이고, 어떤 파장을 만드는지 살펴보려고 한다. 보통 가계와 기업은 돈맥을 통해서 돈을 공급받는다. 돈맥의 종류는 크게 채권 돈맥, 주식 돈맥, 대출 돈맥으로 구분한다. 보통 기업은 채권 돈맥과 주식 돈맥으로 돈을 공급받고, 가계는 대출 돈맥으로 돈을 공급받는다. 돈의 공급 통로인 돈맥이 경화증으로 막히면, 결국 기업과 가계는 쓰러지게 되어 있다. 돈 공부에서 중요한 건 돈맥이 어떻게 흐르는지 아는 것이다.

우리나라는 돈맥경화로 산산이 부서진 역사가 있다. 바로 IMF 외환 위기다. 그때는 국가의 '외환 돈맥'이 막혀서 부도가 났고,

이에 따라서 기업들도 채권 돈맥이 막히면서 줄줄이 부도가 났다. 물론 개인은 말할 것이 없이 대출 돈맥의 중압감으로 길거리에서 쓰러졌다.

IMF 외환 위기 직전을 떠올리면, 그때 다니던 회사가 부도나는 과정이 아직도 기억에 선하다. 1997년 9월 30일에 1차분 채권 만기가 도래했는데, 그것을 겨우 막았다. 2차분 채권도 10월 20일에 만기가 도래할 예정인데, 금액이 커서 막을 수 있을지 모르겠다는 말이 돌았고 결국 막지 못해 부도가 났다. 기업이 도산하는 것은 채권을 막지 못해서 발생한다. 지금도 건설업체 중심으로 부도가 날 수 있다는 말이 도는 이유가 있다. 건설업은 대단위 건설 공사를 위해서 주로 프로젝트 파이낸싱PF으로 자금을 확보한다. 대출 자금이 크고, 미래의 담보물로 사업을 하기 때문에 불신 하나가 불확실의 불을 지피면 바로 부도가 날 수 있다.

아들아, 지금은 채권시장에서 불신과 불확실을 제거할 묘책이 필요한 시기다. 이것은 개인이나 기업의 전술적인 차원의 대응은 불가능한 영역이다. 국가 경제 차원에서 대응 방안을 마련해야 한다. 다만, 개인이 할 수 있는 게 하나 있다. 바로 돈 공부다. 지금의 돈맥의 흐름을 세세하게 지켜보면서 돈과 경제가 어떻게 작동하는지 원리를 배워야 한다. 마치 외환위기와 금융위기, 그리고

아들아, 돈 공부는 인생 공부였다

팬데믹 경제 위기를 겪으면서 경제 근력을 길러낸 것처럼 말이다. 그래서 위기가 재난으로 다가와도, 고난으로 이겨낼 수 있어야 한다. 경제 위기도 인생도 똑같다. 불신과 불확실이 지배하는 순간에는 어쩔 수 없이 발작과 공포에 휩싸이게 된다. 하지만 미리 겪은 경제 위기를 반면교사 삼아 위기를 뚫고 나가는 방법을 터득할 수 있다.

사랑한다. 아들아.

고금리 시대엔
현금 확보가 필요하다

저금리 시대는 재화와 자산이 중요하다. 고금리 시대에는 재
화도 아니고 자산도 아닌, 오직 현금이 중요하다.

아들아, 돈의 본질을 아는 것과 모르는 것에는 큰 차이가 있다.
3고의 시대에는 돈의 본질을 들여다보는 공부로 경제를 바라보는
통찰을 가질 수 있다.

주변에서는 다들 자산 거품이 심하게 꼈고, 당분간 실물 경제
회복이 어려울 거라고 걱정한다. 그러나 지금의 경제 환경은 이중

적으로 작동할 수 있다. 서민은 임금 동결 또는 실직으로 소득이 줄어들고, 실생활에 필요한 물품은 인플레이션으로 급등해서 소비력이 떨어지는 등 경제적 고통이 가중될 거다. 반면에 경제 흐름을 간파한 부자들은 미리 쌓아둔 현금으로 바닥에 떨어지는 자산들을 주워 담아서 오히려 더 부를 쌓게 될 것이다. 이렇게 돈의 본질에 대한 통찰을 기반으로, 미래의 경제 흐름을 예측하는 사람만이 부자가 될 수 있다.

연준에서 연속 다섯 번 자이언트스텝으로 기준 금리를 올렸다. 강제로 돈의 통화가치를 올렸다는 말이다. 이런 시대에는 현금을 가진 사람이 더 부자가 될 수 있다. 지금부터 가능한 현금을 확보해야 한다.

아들아, 이런 취지로 '지금부터는 현금입니다'라는 글을 블로그에 게시했다. 그런데 이 글에 서른여섯 분이 댓글을 남겼다. 댓글의 요지는 크게 보면 세 가지 갈래로 나눌 수 있다.

첫째, 이미 현금 확보 시기를 놓쳤다는 조언이다. 진작에 현금 확보를 했어야지, 지금부터 확보하는 것은 뒷북이라고 했다. 둘째, 현금은 원화가 아니라 달러여야 한다는 조언이다. 1달러에 1400원인 고환율 시대에는 원화보다는 달러를 가지고 있어야 한다며 현금의 의미를 달러로 한정하기도 했다. 셋째, 지금은 현금이 아니라는 조언이다. 고물가 시대에 무슨 현금 타령을 하고 있냐고, 헛소리 그만하라는 취지였다.

댓글에 일일이 답글을 남기면서 처음에 글을 썼던 취지를 다시 설명하고도 싶었다. 그러나 몇 자 안 되는 답글로 글의 취지를 구구절절 설명하는 것은 아무 의미가 없다는 생각이 들었다. 그 대신에 댓글을 쓴 분들의 속뜻을 찬찬히 살펴보고 답글의 의미를 내 생각과 비교하면서 글을 쓰기로 마음먹었다.

첫째, 현금 확보 시기가 늦었다는 말의 속뜻은 무엇일까?

2021년 말, 자산 가치가 최고조로 올랐을 때 가상 자산(비트코인), 주식 자산, 부동산 자산을 처분해서 현금을 확보했어야 한다. 왜 자산 가치가 내려가기 시작하는 지금 시점에 현금을 확보하라고 하는가, 라는 말로 해석된다. 맞는 말이다. 3고가 시작되기 바로 직전에 보유 자산을 현금으로 전환하는 것이 최고의 타이밍이었다. 그것을 부정하고 싶지 않다. 물론 수많은 경제 전문가들이 고물가, 고환율, 고금리를 예측했다. 그러나 그때 소비자 물가 7%대의 고물가, 환율 1400원대의 고환율, 기준 금리 3%(2023년에는 5%)대의 고금리로 나타날 거라고 예측했던 사람은 없었다고 본다. 경제는 항상 변동성을 내포하고 있어서 그 변화무쌍함은 아무도 알 수 없다.

경제전문가의 예측은 그저 맞으면 좋고, 틀리면 그만인 경우가 많다. 만약 1년 후의 경제 흐름을 정확하게 예측할 수 있다면 그 사람은 경제의 신이다. 부자는 경제의 신을 믿지 않는다. 차근차근 투자의 적기를 만들어가는 사람만이 부자가 된다. 다시 말하면 예측하고 투자하는 것이 아니라, 미래의 모습을 바라는 대로 끊임없이 만들어 가는 사람을 말한다. 그분의 말대로 지난 겨울부터 현금을 확보해야 했던 게 100% 최선이라면, 지금이라도 현금을 확보하는 방향으로 나아가는 것 또한 80% 최선이 될 수 있다고 본다.

우리는 100% 최선이 아니라 80% 최선을 선택하면서 미래의 모습을 만들어가야 한다. 그래서 지금이라도 100%는 아니지만 80% 최선인 현금을 확보해야 한다고 말하고 싶다. 그때는 3고 시대를 예측했지만, 지금은 명확한 3고의 시대가 되었다. 지금이라도 현금을 확보하는 전략이 필요하다.

둘째, 현금은 원화가 아니라 달러로 확보해야 한다는 말의
속뜻은 무엇일까?

달러가 1200원에서 1400원까지 상승하여 달러로 현금을 확보하는 것이 원화로 현금을 확보하는 것보다 효과적인 투자전략이라는 조언으로 보인다. 맞다. 달러를 확보했다면 투자도 되고 현금도 확보되는 일거양득의 효과를 얻을 수 있다. 그러나 한 가지 놓치고 있는 게 있다. 그것은 바로 투자의 절대 원칙이다.

"내가 투자할 때 유일한 원칙은 상황 변수를 최대한 단순화하는 거다."

지금은 1000억 원대 자산가가 된 선배가 말해준 투자의 제1원칙이다. 선배는 지금 시점에서 달러로 현금을 확보하는 전략에는 두 가지의 변수가 있다고 했다. 첫째는 환율 변동이고, 둘째는 자산 가치 변동이다. 투자는 할 수 있는 한 변수를 줄이는 것이 최선이라고 했다. 그래서 환율 변동과 자산 가치 변동 중 제1 상수만 남기고 나머지 변수는 모두 버리라고 했다. 물론 달러 확보도 제2 상수로서 충분한 투자 가치가 있지만, 자산 투자라는 제1 상수를 위해서 과감하게 버리라고 했다. 그러나 일반인이 달러 투자

아들아, 돈 공부는 인생 공부였다

를 제1 상수로 하기는 버거울 테니, 환율 투자를 버리는 것이 좋다는 조언도 덧붙였다. 그리고 불확실한 투자의 세계에서는 변수와 변수의 합이 때로는 치명적인 악재가 된다고 했다. 그래서 투자의 고수는 절대로 두 가지 변수를 가진 채 투자하지 않는다는 것이다.

달러라는, 환율 변동이라는 변수 없이 원화로 자산 가치 변동에 집중하는 투자 전략이 최선이 된다. 물론 지금은 강달러를 넘어서 킹달러의 시대다. 현재 1달러가 1400원이고 앞으로는 1500원까지 오를 수 있다. 그런데도 보다 좋은 상수를 위해 환율 변수를 버려야 한다. 이것이 달러가 아닌 원화로 현금을 확보하라고 한 이유다. 즉, 달러는 투자의 대상물이고, 원화는 투자의 수단이 되는 현금이라는 말이다. 현금 확보는 투자의 대상물이 아니라 투자의 수단이 되는 돈인 현금으로 하는 것이다.

'지금부터는 현금이다'는 말의 속뜻은 자산 가치가 폭락하는 물건의 매입이 가능한 투자 수단인 원화를 확보하라는 말이다. 대한민국에서는 달러가 아니라, 원화로 통화가 이루어지며 우리는 투자를 대한민국에서 한다. 어떤 자산의 가치 대비 값이 내려가서 투자의 순간이 오면, 바로 적기에 투자되는 원화를 투여해서 매입할 수 있어야 한다.

셋째, 지금은 현금이 아니라는 말의 속뜻은 무엇일까?

아마도 물가가 7%까지 올라가서 인플레이션에 의해 통화 가치가 떨어지니, 현금을 가질 필요가 없다는 걸로 보인다. 물론 이 얘기도 한편으로는 맞는 말이다. 그러나 돈의 두 가지 측면을 고려해서 보면 달라진다. 돈은 두 가지 속성을 가진다. 하나는 소비를 위한 돈, 다른 하나는 투자를 위한 돈으로 구별된다. 월급쟁이들의 푼돈은 소비를 위한 돈으로 고물가 시대에는 가치가 떨어진다. 이 측면에서 댓글의 지적은 타당하다. 하지만 부자들의 목돈은 투자를 위한 돈으로 자산 가치가 하락한 부동산, 주식 등을 매입해서 돈의 가치를 불리는 역할을 하게 된다. 이 측면에서 댓글의 지적은 적절한 답이 되지 못한다.

이렇게 소비가 되는 푼돈과 투자가 되는 목돈은 작동 방식이 전혀 다르다. 투자에서는 확보된 현금이 거대한 힘으로 작동한다. 그래서 '지금은 현금이 아니다'라는 말은 반은 맞고 반은 틀린 말이다. 지금이라도 투자를 위한 현금을 확보하라고 조언해주고 싶다. 그리고 덧붙여서 지금 상황을 설명하고 싶다.

지금의 통화정책은 기준 금리를 올려서 강제로 돈의 가치를 올리는 정책이다. 돈의 가치를 올리는 속도가 베이비스텝(0.25%)에서 빅스텝(0.5%)으로, 빅스텝에서 더 나아가 자이언트스텝(0.75%)

아들아, 돈 공부는 인생 공부였다

으로 걸음걸이가 빨라지고 있다. 더구나 요즘은 초고속인 울트라 스텝(1.0%)까지 올리겠다고 한다. 다시 말하면, 지금의 현금 확보는 가치가 땅바닥에 떨어진 돈을 주워 담는 행위다. 아직 담아놓은 현금이 적다고 포기해서는 안 된다. 지금이라도 현금 확보 방안을 마련해야 한다. 투자에 목돈을 써야 할 시기가 내년이 될지, 그 후년이 될지 아직은 모른다. 그때까지 현금 모으기를 꾸준히 하면 된다.

돈의 역할 세 가지와 돈의 속성 세 가지를 잣대로 3고 시대를 판단할 때, 지금도 늦은 것이 아니다. 지금이라도 현금 확보에 주력해야 한다. 아직 본격적인 투자의 시간은 오지 않았다. 그리고 굳이 달러를 고집할 필요도 없다. 원화가 가진 돈의 가치만으로도 충분히 투자 수익을 낼 수 있기 때문이다. 고물가는 반드시 돈의 가치를 상승하게 만드는 통화정책을 시행하도록 되어 있다. 소비의 관점이 아니라 투자의 관점에서, 마지막 문장은 이렇게 적어놓는다.

그래도 현금이다.

사랑한다. 아들아.

돈은
문명의 빛이었다

돈은 경제에서 언어의 역할을 한다. 말과 글이 사람의 생각과 의지를 전달하는 언어적 도구라면, 돈은 사람의 재화와 가치를 전달하는 경제적 도구다. 그래서 돈의 역할은 한마디로 경제적 소통의 도구다.

아들아, 우리는 앞서 돈의 법칙을 파악할 수 있었다. 지금부터 는 근원적으로 돈이란 무엇인가 고민해보는 시간을 갖도록 하겠 다. 아버지도 가끔은 회의가 든다. '내가 돈의 역할을 제대로 이해하고 있었을까?' 하는 생각이 들어서다. 더 나아가 오십여 년간 돈이 어떤 것인지 모르고 살았다는 자책감마저 들기도 한다. 그래서 돈 공부를 해야겠다는 각오를 다졌던 거다.

돈이란 게 무엇일까?
돈의 개념을 정리하고자 관련 서적도 찾아보고, 동료들에게 자문도 해봤지만 명확한 해석은 내려지지 않았다. 그래서 아버지 나름대로 돈이 무엇인지, 대략적인 개념이라도 파악하는 차원에서 돈의 본질을 정리해보았다.

《아들아, 돈 공부해야 한다》 출간 이후, 책 제목 때문인지 주변에서 '돈이 뭔가요?'라는 질문을 자주 받았다. 막상 이 질문에 답하려고 입을 열면, 이 얘기했다가 저 얘기했다가 구구절절 말이 길어진다. 말이 길어진다는 것은 돈의 본질을 꿰뚫고 있지 못했기 때문이다.
아버지는 돈 공부 책의 저자로서 명확하게 대답하지 못하는 답답함에 늘 마음 한곳에 무거운 짐을 안고 있었다. 이번에는 끝장을 보고 말겠다는 각오로 덤비고 있다. 과연 돈이 무엇일까?

'돈은 문자 언어다'.

아버지가 고심 끝에 생각해낸 문장이다. 즉, 돈은 글이다, 라고 정의했다. 돈은 사전적 의미로 사물의 가치를 나타내며 상품의 교환을 매개하고 재산 축적의 대상으로도 역할을 하는데, 그런 돈의 역할이 글과 같다. 글은 생각이나 일 따위의 내용을 글자로 나타낸 기록이다. 기록으로 생각이나 일 따위를 전달하고, 지식으로 축적하는 역할을 한다. 글이 생각과 지식을 소통하게 하는 역할이라면, 돈은 경제적 가치를 소통하게 하는 역할을 한다.

인류는 생각이나 일 따위의 내용을 글자로 남겨서 문화유산을 이룩했다. 그리고 돈을 발명해서 인류 경제 사회의 물질문명을 이룩했다. 아버지는 인류의 문명에 가장 크게 공헌한 발명품을 꼽으라면, 돈과 글을 꼽는다. 그러나 사회에서 글의 중요성은 가치를 인정받고 있지만, 상대적으로 돈은 그 존재 가치마저 폄하되고 있다. 심지어 돈을 악의 축이라고 여기기까지도 한다.

먼저 인류 역사에 관한 이야기를 하고 싶다. 돈의 본질을 이해하려면 기본적인 인류 역사를 이해하고 있어야 하기 때문이다. 현생 인류인 호모 사피엔스가 다른 인류보다 오늘날의 찬란한 문명을 이룰 수 있기까지 세 번의 전환점이 있었기 때문이다.

첫째, 말과 글에 의한 대전환이다.

언어는 사람과 사람 사이에서 서로의 생각이 소통할 수 있게 매개체가 되어주었다. 그 덕분에 인류는 지식을 축적할 수 있었고, 서로의 생각을 보태는 협력을 할 수 있었고, 사람 사이에 필요한 법과 제도를 만들 수 있었다.

둘째, 길과 바퀴에 의한 대전환이다.

운송 수단은 물리적 거리를 좁혀서 소통의 장을 만들어주는 매개체가 되었다. 아날로그 시대에는 도로와 자동차가 물리적 운송 매개체였고, 전화와 케이블이 언어 소통의 매개체였다. 현대 디지털 시대가 도래하면서 인터넷이 정보의 길이고, 비트bit가 정보의 바퀴가 되었다.

셋째, 시장과 돈에 의한 대전환이다.

우리는 시장에서 돈을 매개체로 재화와 서비스를 교환한다. 이 시장의 기능은 돈이라는 매개체로 성장했고, 다양한 종류의 시장이 만들어졌다. 돈을 매개로 상품이 교환되는 전통적인 시장이 있었고, 이제는 주식을 교환하는 주식시장, 채권을 거래하는 채권시장, 돈을 거래하는 금융시장, 외환을 거래하는 외환시장, 심지어는 신용을 거래하는 신용시장마저 있다.

1. 돈은 가치를 매개하는 혈액이다.
2. 돈은 가치를 판단하는 저울이다.
3. 돈은 가치를 저장하는 창고다.
4. 돈은 뭉쳐야 힘이 생긴다.
5. 돈은 유동성에 따라 힘이 달라진다.
6. 돈은 다른 돈과 비교되면서 힘이 달라진다.
7. 돈에는 돈이 들어오는 소득의 통로가 있다.
8. 돈에는 돈을 쓰는 지출의 통로가 있다.
9. 돈에는 돈을 쌓아 가는 저축의 통로가 있다.
10. 돈에는 돈을 빌려 쓰는 대출의 통로가 있다.
11. 돈에는 돈으로 돈을 불리는 대출의 통로가 있다.

아들아, 부자가 되는 돈의 법칙을 명심하고 몸과 마음을 다해 익히길 바란다.

사랑한다. 아들아.

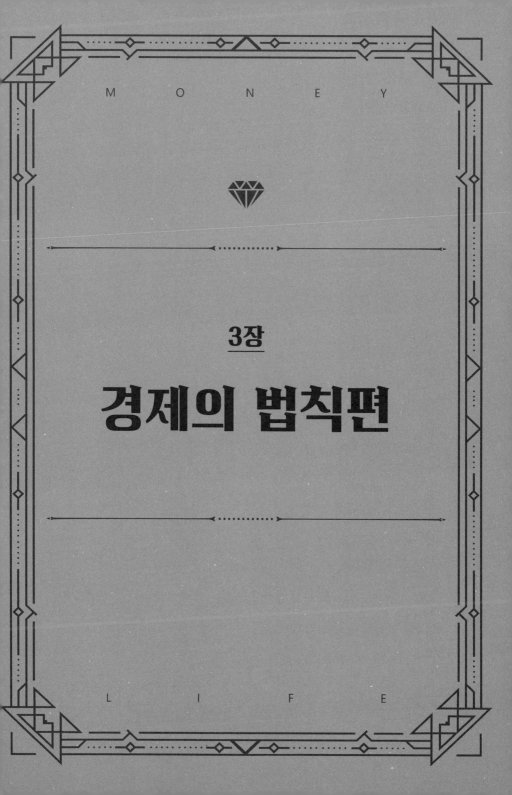

MONEY

3장

경제의 법칙편

LIFE

가난은 경제적 무지의
산물이다

가벼운 산책은 신체에 영향을 주는 운동이 되진 못한다. 운동 효과는 최소한 조깅이나 등산, 아니면 역기를 드는 정도의 운동이어야 효과가 있다. 경제 공부도 마찬가지다. 운동처럼 효과를 맛보려면 강도를 높여야 한다. 그제서야 비로소, 경제의 법칙이라는 지식 운동의 효과를 얻을 수 있다.

아들아, 어쩌면 돈 공부와 인생 공부는 산책처럼 편안한 호흡으로 공부하는 것이 적합할 수 있다. 돈 공부와 인생 공부는 오래 반복해서 걸어야 하는 분야의 공부이기 때문이다. 그러나 경제 공부는 다르다. 경제 공부는 산책처럼 가볍게 해서는 효과가 없다.

최소한 호흡을 높이는 조깅이나 근력을 쓰는 등산 정도의 강도거나, 체력 단련장의 역기 운동처럼 근육이 끊어지는 정도로 학습 강도를 높여야 한다. 근육이 긴장하거나 숨 가쁜 호흡으로 혈액순환이 일어나야만 경제 공부의 효과가 있다.

요즘은 매일 너희 엄마와 집 주변을 산책한다. 늦가을인 11월의 거리에는 낙엽이 수북하게 쌓여 있다. 11월 중순이 되면서 솔솔 부는 바람에도 마른 나뭇잎이 두둑 두둑 떨어지고 있다. 대부분은 노란 은행잎이고 잎의 크기가 넓다. 아직 푸른색과 갈색이 섞인 느티나무 잎, 왕벚나무 잎, 붉은색 단풍잎이 카펫처럼 풍경이 펼쳐져 있다. 우리는 자기만의 색깔로 물든 그 거리를 매일 산책한다. 사각사각하고 밟히는 발끝의 감촉이 푸근하고 좋다. 발의 촉감과 눈앞에 풍경 모두 늦가을의 정취로 가득하다.

가을 풍경이 아름답기도 하지만 다른 누군가에게는 삶의 노동이 되기도 한다. 우리가 걸은 길의 반대편에선 환경미화원이 낙엽을 밀대로 한곳에 쌓는 노동을 하고 있다. 힘겨운 노동으로 흩어진 낙엽을 밀어서 둔덕같이 더미를 쌓았다가, 이제는 마대를 펼쳐서 모은 낙엽을 담고 있다. 삶의 무거운 노동으로 깨끗이 쓸어낸 거리에 또다시 나뭇잎이 두둑 두둑 떨어진다.

엄마는 산책 중에 자신의 경험을 바탕으로 한 경제 감각을 이야기했다. 예를 들면, 우리 집 자산은 15년 동안 정기적금으로 모은 종잣돈이 있었기에 지금이 가능했다고 했다.

"그러고 보니 우리는 1997년부터 2017년까지 15년 동안은 줄기차게 저축만 했네. 역시 예금이 중요해. 만약에 저축이 없었다면 우리가 아파트에 투자 못했지."

경제는 이론이 아니라 실전이다. 경제의 법칙은 이론을 토대로 실전에서 깊은 내공을 쌓아야 한다는 말이다.

우리는 산책하는 내내 경제 관련 이야기로 언쟁을 벌였다. 아버지는 거시 경제 관점에서 의견을 피력했다. 사실 팬데믹 이전에는 돈을 많이 벌고, 적게 쓰고, 저축하는 가장 기본적인 경제 상식만 있어도 살아갈 수 있었다. 그런데 팬데믹 이후엔 소득보다 자산 가치의 상승 속도가 빨라지면서 경제 상식에 균열이 발생했다. 절약과 저축보다는 대출을 이용하는 경제적 수단을 쓰게 되었다. 그런데 대출과 투자라는 레버리지는 잘 쓰면 약이 되지만 잘못 쓰면 독이 된다.

아들아, 너희가 경제 구조를 이해할 수 있도록 아버지는 경제 이론 부분을, 너희 엄마는 경제 실전 경험을 정리하려고 한다. 우리가 말하고자 하는 목표는 일맥상통할 것이다. 다만, 표현 방식에서 차이가 있을 뿐이다. 아버지가 말하는 경제 이론의 토대 위에 엄마가 말하는 경제 실전을 접목하길 바란다. 그러면 너희가 부자는 아니더라도 최소한 가난하게는 살지는 않을 것이다.

엄마가 산책을 끝내고 집에 도착하자마자, 강조하듯이 말했던 것이 있다. 경제 공부는 돈 공부나 인생 공부와는 다른 구조로 되어 있어서 산책처럼 하면 절대 쌓이지 않는다는 것이다. 그래서 내일부터는 운동이 안 되는 산책 말고, 조깅이나 등산을 하자고 제안했다. 몸의 한파가 오기 전에 먼저 운동 강도를 높여서 건강을 회복하자고 했다. 운동뿐 아니라 경제 공부에는 공부의 강도가 중요하다. 지금부터 경제 공부의 강도를 높이려고 한다. 조금은 이해하기 어렵겠지만 참고 따라와 주기를 바란다.

사랑한다. 아들아.

어떤 경제 생태계에서
살아갈 것인가?

어떤 사람은 평생 1억 원의 자산을 가지고, 어떤 사람은 10억 원의 자산을 가지고, 어떤 사람은 100억 원의 자산을 가지고, 어떤 사람은 1000억 원의 자산을 가지고, 어떤 사람은 1조 원의 자산을 가진다.

아들아, 네가 가질 부의 크기는 네가 살아갈 경제 생태계가 결정할 것이다. 그래서 앞으로 살아갈 경제 생태계를 이해하고 어떻게 살아갈 것인지 선택해야 한다. 먼저 경제 생태계의 모습과 구성 요소를 이해할 필요가 있다. 경제의 구성은 자연 생태계와 비슷하다. 어떤 생태계에 살고 있느냐에 따라서 살아가는 사람의 모습이 달라진다. 마찬가지로 어떤 경제 생태계에 놓여 있느냐에 따라서 경제적 생활도 달라진다. 사람들이 가지는 부의 크기는 자신이 사는 경제 생태계의 크기다.

먼저 경제 생태계를 하나의 법칙으로 설명하려고 한다. 바로 '코이 잉어의 성장 법칙'이다. 코이 잉어는 어릴 때 자라는 환경에 맞추어 크기가 자란다고 한다. 코이 잉어가 자라는 장소는 작은 어항이나 중간 크기의 연못, 넓은 강이다. 어항에 사는 코이 잉어는 보통 5~8cm 크기로 자라고, 연못에 사는 코이 잉어는 15~18cm 크기로 자라고, 강에 사는 코이 잉어는 90~120cm 크기로 자란다고 한다. 코이 잉어의 법칙은 자본주의 사회의 부자의 법칙에도 그대로 적용된다. 경제 생태계에는 코이 잉어가 사는 환경처럼 세 곳이 있다.

첫째, 현금생태계다.

여기에는 현금으로 살아가는 현금생활자가 있다. 현금생태계에는 하루 벌어 하루 먹고 사는 일용직생활자가 대표적이다. 일주일 벌어서 일주일 사는 주급생활자와 한 달 벌어 한 달 사는 월급생활자도 있다. 현금생태계에서 제법 나은 생활자는 연봉생활자다. 연봉생활자는 1년을 벌어 1년 먹고 산다. 여기에 사는 사람들은 10억 원 미만의 부의 크기로 자란다. 연봉생활자 중 드물게 10억 원을 넘기는 사람이 나타나기도 한다. 그러나 현금생활자의 대부분은 부의 크기가 10억 원 미만이다. 어항 속 코이 잉어의 크기가 10cm를 넘기지 못하는 것과 같다. 현금생활자는 어항 속 코이 잉어다. 이들은 소득을 그대로 다 지출하면서 살아가는 사람들이다. 그리고 대부분이 근로소득자거나, 소상공인들이다.

아들아, 만약 네가 현금생태계에 있다면 당장은 편하고 좋을 것이다. 어항 속 코이 잉어처럼, 주인이 주는 먹이를 먹으면서 살 수 있다. 또한 생태계의 천적으로부터 피할 수도 있다. 운이 좋아서 좋은 주인을 만나면, 아주 오래오래 쾌적한 환경에서 편하게 살다 갈 수도 있다. 하지만 한 가지 치명적인 위험이 있다. 주인의 마음이 바뀌면, 그날로 내팽개쳐질 수 있다. 현금생활자는 주인에게 버려지는 순간이 죽음일 수 있다. 그들은 경제적 자립을 이루지 못한 사람이다. 자기 생존권을 스스로 지켜낼 힘이 없으며, 자기 주도권을 가지기 위한 노력이 필요한 사람이다.

둘째, 자본생태계다.

　여기에는 자본으로 살아가는 자본생활자가 있다. 자본이란 부채가 없는 순자산을 말한다. 보통 근로자나 소상공인 중에서 최소 5년에서 10년 정도는 자신의 소득과 지출 관리로 현금을 모으는 사람들이다. 그렇게 모은 자본을 투자해 불려 간다. 자본생활자는 월급쟁이 시절에 아끼고 아껴서 종잣돈을 모으고, 투자해서 제법 큰 부를 이룬 사람들이다. 산업화 시대에는 자본생활자가 제법 있었다. 자본생활자는 10억 원에서 50억 원까지 부의 크기를 이룬다. 아주 가끔 100억 원 정도까지 크기가 자라기도 한다. 연못 속 코이 잉어처럼 15~18cm까지 자라난다.

　아들아, 만약 네가 자본생태계에 있다면, 적당한 위험과 적당한 삶의 긴장감으로 살아가고 있는 거다. 누군가의 소유인 연못은 더욱더 안정적일 것이고, 자연 속에 있는 연못이라면 살아가기 위한 필사의 노력을 기울여야 살 수 있다. 그래도 태풍과 눈보라를 맞아가면서 생존을 위한 단련이 되어 있어서 스스로의 생존권을 지켜내는 힘이 있다. 우선은 스스로 살아갈 수 있는 경제적 자립의 길을 걷고 있는 거다. 다만, 공간이 좁아 천적의 위험에 그대로 노출되기 때문에 특히 조심해야 한다. 그래도 현금생활자보다 자기 주도권을 갖고 살아갈 수 있다.

셋째, 자산생태계다.

여기에는 자산으로 살아가는 자산생활자가 있다. 자산이란 부채를 포함한 총자산이다. 자산생활자는 자본과 부채를 합해서 목돈으로 투자하는 사람들이다. 사업가거나, 부를 상속받거나, 아니면 자본생활자에서 점프한 사람들이다. 자기 자본에 대출이나 투자를 받아서 목돈으로 돈을 불리는 사람들이다. 자산생활자는 100억 원 이상의 부의 크기를 이룬다. 100억 원부터 조 단위로 부의 크기가 자라난다. 자산생활자의 부의 크기는 무한대로 보면 된다. 자산생활자는 강에 사는 코이 잉어다. 강에 사는 코이 잉어는 90~120cm까지 자란다. 어항과 연못의 크기와는 비교할 수 없을 정도로 커진다.

아들아, 만약 네가 자산생태계에 있다면 생각의 크기를 고래처럼 키우면 된다. 자산생태계에서는 생각의 크기가 부의 크기가 된다. 여기서는 외부 환경과 싸우는 것이 아니라 자기 자신과 싸우는 거다. 사람들은 어항이나 연못보다 강이 위험하다고 생각하는데 그렇지 않다. 오히려 어항이나 연못에 사는 코이 잉어가 작은 위험을 이겨내지 못하고 죽음에 이른다.

사람은 본인이 아는 생각의 크기만큼 자란다. 우리는 돈과 경제의 생각과 습관을 강처럼 크게 넓혀야 한다.

아들아, 돈 공부는 인생 공부였다

"강으로 나가면 다 그렇게 할 수 있어."

이 말은 부자들의 언어가 아니다. 부자들은 스스로 돈과 경제를 제대로 배워서 자산생태계에서 살아갈 수 있는 크기까지 커지는 사람들이다.

20대에 이것을 깨우치지 못한다면 편협한 경제 지식이 쌓여서 평생을 현금생활자로 살아갈 수 있다. 일상에서 돈의 습관들이 끈끈이가 되어 경제 관념이 차곡차곡 쌓이고 있다. 무섭지 않느냐? 지금 바로 거친 강물을 당당하게 헤엄치는 코이 잉어처럼 생각을 바꾸길 바란다.

아버지의 사무실에 있는 어항에 코이 잉어 새끼 세 마리를 사다가 넣었다. 먹이를 떨어뜨리자 코이 잉어가 먹이를 향해서 달려들고 있다. 아들아, 어항 속의 코이 잉어처럼 살지 마라. 어항 속 코이 잉어는 경제의 크레바스가 닥치면 바로 버려진다. 저 멀리 푸른 대양으로 나아가라. 이것이 아버지가 해줄 수 있는 사랑의 말이다.

사랑한다. 아들아.

생활 속
경제 상식 세 가지

베드타운의 스타벅스는 3040 아줌마 부대가 없으면 망한다는 이야기가 있다. 아줌마 부대는 보통 아이들을 학교에 보낸 후 삼삼오오 모인다고 한다. 스타벅스가 3040의 담화가 꽃피는 장소로 애용되면서 이런 말이 생겼다. 오랫동안 일했던 직원의 증언에 따르면 코로나19 이전의 대화 소재는 딱 두 가지였다고 한다. 첫째는 자식 교육, 둘째는 신랑과 시부모의 뒷담화가 차지했다. 그랬던 그들의 대화 소재가 코로나19 이후에 돈과 경제로 바뀌기 시작했다고 한다.

아들아, 아버지의 블로그로 상담을 요청했던 사람이 있다. 그녀의 나이는 서른아홉 살이라고 했다. 대학에서 산업디자인을 전공하고 결혼 전 잠깐 회사생활을 했지만, 현재는 가정주부로 지낸다고 한다. 증권사에 다니는 신랑과 단둘이 사는 딩크족이다.

그녀는 경제에 관해서 몇 가지 궁금한 것이 있다고 했다. 얘기를 꺼내자마자 본인은 경제 문맹이라고 단서를 달았다. 반면에 남편은 경제학과를 졸업했고, 유수 증권사의 딜러라고 한다. 자기는 경제 문맹, 남편은 경제 박사라 가정에서 모든 경제 주도권은 남편의 몫이라고 했다. 그녀는 실질적인 경제 지식을 배우고 싶다고 했다.

첫째, 지금 같은 시기에는 정기적금을 해야 하는지, 아니면 주식에 투자해야 하는지 궁금하다고 했다. 본인은 정기적금을 하는데, 남편은 주식투자에만 집중하고 있다고 했다. 둘째, 제2금융권에서 출시한 고금리 정기적금이 위험한지 궁금해 했다. 혹시나 뱅크런 같은 사태가 일어나지 않을까 걱정했다. 셋째, 남편이 다니고 있는 증권사가 구체적으로 무슨 일을 하고 있는지 궁금하다고 했다. 증권사, 자산운영사, 투자신탁, 보험사 등의 회사들이 도대체 무슨 일을 하고 있는지 모르겠다는 거다. 아버지는 하나씩 질문에 답해주었다. 물론 누구나 이해할 수 있도록 쉽게 설명하는데 주안점을 두었다.

첫째, 지금은 투자의 시기인가, 저축의 시기인가?

"혹시 모으고자 하는 목표 금액이 얼마인가요?"

먼저 이 질문을 던졌다. 즉, 저축을 하든 투자를 하든 그렇게 해서 이룩하고 싶은 경제의 목표 지점이 있느냐는 물음이었다. 아직 목표는 없다고 했다. 그래서 먼저 목표 금액을 수립하는 것이 중요하다는 사실을 인지시키고 싶었다. 모든 경제 전략에는 구체적인 목표 금액이 있어야 하므로, 목표가 없다면 그것은 경제적 전략이 아니라고 했다. 목표 금액은 경제 전략에서 나침반 같은 역할을 한다. 아버지는 그녀가 쉽게 이해하도록 대항해 시대에 위험한 바다를 항해했던 콜럼버스를 예로 들었다.

콜럼버스는 인도에 가서 향신료를 구하겠다는 명확한 목표를 가지고 위험천만한 바다로 나아갔다. 여러 번의 죽을 고비를 넘기고 인도는 아니지만, 아메리카 대륙에 도착할 수 있었다. 어쩌면 배가 가장 안전한 곳은 항구이고, 개인에게 가장 안전한 곳은 아무것도 하지 않는 것이다. 반면에 무언가를 이루기 위해 위험에 맞서려고 한다면, 그때는 반드시 배가 바다로 나아가는 목표 지점이 있어야 한다. 경제적 전략이라는 위험한 바다로 나아가는데, 방향도 정하지 않고 가는 것은 죽음의 길이다. 즉, 목표 없는 저축과 투자는 무모한 전략이라고 설명했다.

그녀는 목표 금액을 급하게 정했다. 최종 목표로 서울시에 아파트를 마련하고 싶다고 했다. 그러려면 최소한 7억 원이 있어야 하는데, 전세금 4억 원이 있다고 했다. 그녀의 목표 금액은 3억 원으로 잡았다. 3억 원이라는 경제적 목표가 정해지면서 가고자 하는 방향이 명확해졌다. 그러면 지금부터 저축의 길을 갈 것인가, 아니면 투자의 길을 갈 것인가? 아버지는 병행하는 전략을 추천했다. 그녀는 저축의 길을 가고, 남편은 투자의 길을 가는 전략이다.

먼저 저축의 길은 정기적금을 추천했다. 목표 금액은 2억 7천만 원이고 기간은 5년이다. 목표 달성 전략은 복리 3%의 정기적금에 매월 400만 원씩(맞벌이 부부라 가능) 복리 3%로 5년간 적립하는 것이다. 남편은 종잣돈 2000만 원으로 연이율 10%인 주식투자로 5년 내 3000만 원을 만드는 투자의 길로 갈 것이다. 3억 원 만들기 프로젝트는 아내의 몫인 저축 전략이 90%이고, 남편의 몫인 주식투자 전략을 10%로 했다. 저축은 원금 손실 없이 종잣돈을 모으는 안전한 전략이기 때문이다. 종잣돈을 만들기까지는 토끼 걸음이 아니라 거북이 걸음이어야 한다는 사실을 주지시켰다.

경제 전략은 마치 현재의 위치와 미래의 목표 사이에 그어진 선과 같다. 즉, 현재의 위치와 미래의 목표 사이를 자로 대고 선을 그으면, 가장 이상적인 길이 된다. 어떤 선택에 앞서 자기의 현재 위치와 가고자 하는 목표 지점을 명확하게 하는 것이 무엇보다 중요하다. 이것이 실패를 줄이는 최선의 전략이다.

둘째, 제2금융권 신용협동조합의 고금리 예금상품은 안전한가?

뱅크런은 경제 악화로 금융시장에 위기감이 조성되면서 은행의 예금 지급 불능 상태를 우려한 고객들이 대규모로 예금을 인출하는 상황을 말한다. 그렇다면 1997년 외환위기 때처럼, 제2금융권에서 뱅크런이 일어날 수 있는가? 아니면 2008년 금융위기 때처럼 제2금융권에서 부동산 부실채권으로 증권 상품을 만들어 예금처럼 판매하고, 그로 인해 다수의 고객에게 손실을 끼치게 되는 금융 참사가 벌어질 것인가?

먼저 제1금융권에서 그런 사태가 발생할 확률은 0%에 가깝다고 본다. 현재 금융시장의 자금경색은 채권시장을 중심으로 벌어지고 있다. 금융시장의 전체적인 문제가 아니라, 채권시장을 중심으로 자금의 흐름이 막혀 있는 상황이다. 오히려 제1은행권은 '역머니무브'로 은행에 돈이 쌓이고 있다. 다만 채권시장에 투자했던 제2금융권이 어려움을 겪고 있다. 특히 프로젝트파이낸싱PF에서

ABCD(자산을 담보로 발생하는 기업어음)로 채권시장에 투자한 제2금융권에는 어려움이 있다.

다만 제2금융권에는 일부 문제가 있다. 전부가 문제인 것은 아니다. 저축은행이나 신용협동조합처럼 예금을 가지고 있는 곳은 그래도 나은데, 예금 기능이 없어서 자금 확보에 어려움을 겪는 보험사나 증권사는 위험성을 내포하고 있다. 특히 보험사의 경우 보험계약대출이 있고, 증권사는 신용미수, 신용대출 등의 위험한 대출제도가 많아서 부실채권이 발생할 수 있는 확률이 높아 일시적 자금경색이 발생할 수 있다.

정리하자면, 고금리 예금은 문제가 없다. 단기적으로 저축은행이나 신용협동조합 같은 예금 거래가 있는 제2금융권은 일시적 예금 인출에 대응하는 지불 준비금에 어려움이 없을 것으로 판단되기 때문이다. 다만, H생명의 신종자본증권 콜옵션 미상환 결정이 일어난 경우처럼, 자금경색으로 채무불이행의 위험성을 가지고 있기 때문에 보험사나 증권사는 위험성이 있다고 보고 있다. 그래서 신용협동조합의 고금리 예금상품은 위험성이 크지 않다고 본다.

셋째, 자산운용사와 증권사는 무슨 일을 하는가?

증권사는 유가증권의 발행과 유통을 주업으로 삼는 회사다. 즉, 기업을 위해 주식과 채권을 만들어 주고 이것을 거래하려는 사람들을 위해 대신 사고파는 회사를 말한다. 그래서 증권사에 근무하는 남편은 고객을 대신해 주식을 사고파는 역할을 하거나, 증권사의 자기매매 업무를 하는 사람일 것이다.

반면, 자산운영사는 금융투자회사 중 하나로 펀드를 운용하는 회사다. 자산운영사는 펀드를 설정하고 은행, 증권사, 보험회사 등의 펀드 판매사에 판매를 위탁해 투자자를 모아 운용해 이익을 내고 이익금을 정기적으로 투자자에게 분배하는 역할을 한다. 자산운용사의 직원은 흔히 펀드 매니저Fund Manager라고 부른다. 수익증권이나 뮤추얼펀드와 같은 간접투자상품을 개발 및 판매하고, 개인이나 기관이 맡긴 자산을 관리하고 운용하는 금융전문가를 일컫는다. 펀드 매니저는 투자에 대한 전문 지식뿐 아니라 전반적인 경제 동향 파악 능력 및 산업에 대한 분석력 등이 필요하며, 고객의 자산을 관리한다는 점에서 높은 수준의 책임감과 윤리의식 또한 요구되는 직업이다. 물론 현실에선 무능 또는 무책임으로 발생한 문제가 노출되어 신문에 기사가 나오는 경우가 종종 있다.

아들아, 경제 지식은 마치 경제 상식처럼 넓고 얕지만 폭넓게 이해하는 것이 중요하다. 전체적인 줄기를 파악하고, 그 줄기에 연결된 가지가 어떻게 뻗어나가고 있는지 확인하는 방식으로 공부하길 바란다.

지금까지는 경제 지식을 쌓아가기 위한 숨 고르기를 했다. 먼저 어떤 경제 생태계에서 살아갈 것인가를 설명하면서 자산생태계에서 살아가라고 말했고, 다음에는 경제 공부의 깊이 더하는 공부 방법으로 현실 속에서 경제 지식을 체감하라고 당부했다. 이제부터는 경제라는 숲을 이해하기 위한 경제의 원리와 지표를 하나씩 설명해주려고 한다. 경제 공부를 할 때 마음을 쓰기보다는 우선 머리로 이해해야 한다. 그렇게 머리가 채워지면 종이신문을 통해서 현재 경제가 어떻게 흘러가는지를 이해할 수 있다. 그리고 현실 속의 경제 원리가 움직이는 법을 몸으로 체득할 수 있다. 잘 따라오길 바란다.

사랑한다. 아들아.

경제의 주체는
무엇인가?

사물의 작용이나 어떤 행동의 주가 되는 것을 주체라고 한다. 숲이라는 생태계에서는 동물과 식물이 숲의 주체다. 숲을 기반으로 살아가면서 숲이 되기도 한다. 경제라는 숲에는 숲을 기반으로 살아가는 경제 주체가 있다.

아들아, 경제 주체가 어떤 역할을 하고 있는지 파악하는 것만으로도 경제의 모양을 알 수 있다. 그만큼 경제 주체는 중요하다. 경제의 주체인 가계나 기업은 자연에서 동물과 식물에 비유할 수 있다. 지구라는 행성에서 살아가는 생태계의 구성원인 동물과 식물이 지구의 주체인 것과 유사하다. 조선 역사의 주체는 왕이 아니라 백성이다. 이 문장의 의미는 조선이라는 나라를 움직이는 동력과 행동의 중심이 백성에게 있었다는 뜻이다. 경제에도 주체와 객체가 있다. 주체로는 가계, 기업, 정부가 있고 객체로는 재화와 화폐가 있다. 보통 재화는 실물 경제로서 사용가치가 있는 상품을 의미한다. 반면 화폐는 금융경제로서 교환가치가 있는 돈을 의미한다.

주체라는 말을 설명하는 이유가 있다. 주체의 의미를 정확하게 알고 있어야 아버지가 지금부터 하려는 얘기를 정확히 이해할 수 있기 때문이다.

주체라는 말의 의미만 정확하게 파악되었다면, 경제의 주체라는 말은 쉽게 이해할 수 있다. 경제의 주체는 경제를 움직이는 동력과 행동의 중심이 무엇인가를 나타내고 있다. 결국 한 국가의 경제를 움직이는 동력과 행동의 중심에는 가계가 있고, 기업이 있고, 정부가 있는 것이다. 조선의 역사를 이해하려면 조선의 주체가 무엇인지 알아야 하듯이 경제를 이해하려면 경제 주체인 가계와 기업, 정부를 이해해야 한다.

첫째, 가계다.

가계는 노동력 제공과 소비의 주체다. 자원과 목표, 가치관을 공유하는 가족 일원을 인적 구성으로 하여 자원의 배분 및 소비 활동을 행하는 경제 단위를 말한다. 핵가족 시대의 가계 구조는 4인으로 구성되었다. 아버지와 어머니, 그리고 두 자녀로 이루어진 가계 구조다. 현재 소가족 시대에는 1인 또는 2인에 의해서 가계의 구조가 변경되고 있다.

가계 구조의 변화는 경제에 미치는 영향이 크다. 통계청 자료에 의하면, 2021년 대한민국 일반가구는 2144만 8463가구이다. 가구 수와 가계 숫자가 동일하다고 볼 수 없지만, 가구 수로 추정한다면 대한민국은 2145만 가계가 있는 것이다. 이 가계들이 경제의 주체로서 자원 배분과 소비 활동을 하고 있는 것이다.

가계의 형편은 지니 계수로 알 수 있다. 지니 계수는 빈부격차와 계층 간 소득의 불균형 정도를 나타내는 수치로, 소득이 어느 정도 균등하게 분배되는지 알려준다. 지니 계수는 0부터 1까지의 수치로 표현되는데, 값이 '0'(완전 평등)에 가까울수록 평등하고 '1'(완전 불평등)에 근접할수록 불평등하다는 것을 나타낸다. 2016년에는 0.36, 2018년에는 0.34, 2020년에는 0.33이었다.

아들아, 돈 공부는 인생 공부였다

둘째, 기업이다.

기업은 임금 제공과 생산의 주체이며, 이윤 획득을 목적으로 운용하는 자본의 조직 단위다. 2022년 기준 통계청 자료에 의하면, 우리나라 총사업자 수는 93만여 개가 있다. 그중에서 매출이 있고, 근로자를 고용해서 월급을 주고 있는 사업자는 71만 개 정도다. 결국 1인 사업자 비중이 80%에 가깝다. 진정한 사업이라고 부를 수 있는 기업은 1%대 수준이라는 말이다.

실질적으로 재화와 서비스를 생산하고, 고용을 창출하는 기업은 그리 많지 않다. 기업마저도 대기업, 중견기업, 중소기업으로 구분되어 있다. 대기업은 자산 10조 이상의 기업이고, 중견기업은 근로자 수 1000명 이상이거나, 자산 총액이 5000억 원이거나, 3년 평균 매출액이 1500억 원 이상 되는 기업을 말한다. 이렇게 구분하는 이유는 기업의 규모에 따라서 법과 제도로 규제 또는 지원하기 위함이다.

셋째, 정부다.

정부는 정책을 통해서 경제를 통제하는 역할을 하고 있다. 정부 정책에는 재정정책과 통화정책이 있다. 재정정책은 정부가 세금을 걷어서 공공재를 개발하는 것을 말한다. 주로 실물 경제의 기반을 만들어주는 역할을 한다. 통화정책은 화폐를 통해서 경제 정책이 원활하게 돌아갈 수 있도록 조절하는 기능을 한다. 주로 기준 금리를 통해서 통화정책을 이행한다.

경제의 주체들이 생활을 영위하는 데 필요한 물품과 시스템, 그리고 인프라가 재화와 서비스가 된다. 재화와 서비스를 교환하기 위해서 돈이 필요한 것이고, 돈과 재화가 상호 작용하면서 경제의 법칙이 만들어진다.

희소성은 인간의 물질적 욕구에 비해 그 충족 수단이 제한되어 있거나 부족한 상태를 말한다. 그런데 엄밀히 말하면 희소성은 양이 절대적으로 적음을 의미하는 것이 아니라, 인간의 필요에 비해 상대적으로 적은 것을 의미한다. 재화를 판단할 때는 희소성이 기준점이다. 그래서 재화는 희소성에 따라 자유재와 경제재로 구분한다.

먼저 자유재는 인간의 욕망에 비해 의식적인 노력을 하지 않고

아들아, 돈 공부는 인생 공부였다

서도 원하는 만큼의 양을 얼마든지 누릴 수 있을 정도로 풍부하게 공급된 재화를 말한다. 반면에 경제재는 인간의 욕망에 비해 희소한 재화를 말한다.

자유재는 공기, 햇빛, 풍력 등을 들 수 있는데, 점유와 판매의 대상이 되지 않는다. 반면에 경제재는 사람들이 만들어낸 모든 재화와 서비스를 말한다. 수렵과 채집 시절에는 과일과 채소도 자연재였지만, 지금은 경제재가 되었다. 식수인 물도 과거에는 자유재였지만, 이제는 경제재로 바뀌었다. 아직까지는 공기와 햇빛은 자유재인데 점차 경제재로 바뀌고 있다.

재화를 수요의 관점에서는 특성에 따라서 독립재, 보완재, 대체재로 나눈다. 어떤 재화 A 가격을 올리면 다른 재화 B의 수요가 증가하고, A와 B 두 재화는 대체 관계이기 때문에 B는 A의 대체재가 된다. 예를 들면, 전통적인 주류 문화 시절의 소주와 맥주가 있다. 반대로 어떤 재화 A의 가격을 올리면 다른 재화 B의 수요가 감소한다. A와 B 두 재화는 보완 관계에 있어서 B는 A의 보완재가 된다. 예를 들면, 소맥으로 섞어서 먹는 주류 문화에서 소주와 맥주는 보완재다. 반면에 어떤 재화 A를 가격을 올리거나 내리거나 다른 재화 B의 수요에 영향이 없으면 A와 B 두 재화는 독립 관계기 때문에 B는 A의 독립재가 된다. 예를 들면, 수요 관점에서 전혀 관계성이 없는 스마트폰과 소주다.

경제 주체는 돈을 매개체로 재화와 서비스를 생산하거나, 유통하거나, 소비하면서 경제의 흐름을 주도한다. 이것이 경제 주체의 역할이다. 경제 주체의 역할을 이해하는 것이 경제의 법칙을 이해하는 것이며 경제 주체의 이런 유기적 연결이 바로 경제의 원리다.

사랑한다. 아들아.

자산의 원리는
무엇인가?

자산은 재화가 아니다.

아들아, 이 사실을 인지해야 자산의 원리를 이해할 수 있다. 보통 재화는 사용가치에 중점을 둔 경제적 산물이다. 반면에 자산은 사용가치보다 교환가치가 중요한 경제적 산물이다. 그래서 자산투자는 미래에 교환가치가 상승하는 경제적 산물을 중점으로 투자해야 한다. 이것이 자산의 원리이다.

자산을 쉽게 한마디로 말하면 재산이라고 보면 된다. 우리가 가진 자산으로 설명하면 이해하기 쉽다. 우리 집 자산은 아파트 주택에 의한 자산이 90%고, 토지에 의한 부동산 자산이 2%로, 총 92%가 부동산 자산이다. 반면에 동산 자산은 예금 등의 현금자산이 6%고 주식, 채권, 금 등의 기타자산이 2%다. 우리 집 자산은 부동산 자산에 편중되었다고 볼 수 있다.

자산은 크게 보면 동산과 부동산으로 나누어진다. 지금부터 동산과 부동산이 어떻게 경제 주체들과 연결되는지 설명하겠다. 여기에 자산 배분의 경제 원리가 숨겨져 있다. 경제 원리를 깊게 들여다보아야 하는 부분이므로 집중하면서 쫓아오길 바란다.

자산의 원리를 이해하기 위해선, 경제 용어 중 자산이 무엇을 의미하는지를 알아야 한다. 경제적 산물은 돈의 소유권에 따라, 자본, 부채 그리고 자산으로 구별하고 있다. 자기 소유 지분이 100%인 것은 자본이라고 한다. 반면에 타인 소유 지분이 100%인 것은 부채라고 한다. 그리고 자기 소유 지분과 타인 소유 지분이 혼합된 돈을 자산이라고 한다.

자본은 장사나 사업을 하는 데 기본이 되는 돈을 말한다. 때로는 재화와 서비스를 만드는 데 필요한 생산수단이나 노동력도 자본이 된다. 반면에 자산은 일반적으로 재산과 같은 뜻으로 쓰이며, 유형·무형의 물품·재화나 권리와 같은 가치의 구체적인 실체 實體를 말한다. 경제는 돈을 기반으로 자산과 재화와 서비스를 가지고 경제 주체가 경제 활동에 참여하는 것을 말한다. 결국 경제는 돈을 바탕으로 재화와 자산이 관련된 모든 활동을 말하는 것이다.

첫째, 자산에는 대표적 동산이 있다.

동산에는 대표적으로 주식과 채권이 있다. 주식과 채권 지식은 이것저것 짜깁기한 옷처럼 체계적이지 못하다. 한 번쯤 사전적 의미라도 정리해두고 여기에서 의미를 확장하려고 한다.

주식과 채권은 유가증권이다. 유가증권의 의미는 일반적으로 재산적인 권리를 표시한 증서를 말한다. 유가증권은 크게 화폐증권과 자본증권으로 나누어지는데, 화폐증권에는 수표·어음 등이 있고, 자본증권에는 주식·채권 등이 있다. 증권시장에서 거래의 대상이 되는 유가증권은 자본증권이며, 주식과 채권이라고 보면 된다.

이렇게 유가증권의 일반적인 개념을 정리해도 주식과 채권의 본질적인 역할을 파악하는 데는 도움이 되지 않는다. 주식과 채권의 본질적인 역할을 세세하게 살펴볼 필요가 있다. 주식과 채권의 본질을 정확하게 이해하고 있어야 주식과 채권에 투자할 수 있는 핵심 요소를 파악할 수 있기 때문이다.

먼저 주식과 채권의 차이점은 이렇다.

첫째, 자금의 유형에서 차이가 있다. 주식은 자본금이지만, 채권은 차입금이다. 주식은 주가 변동에 따라 시세 차익을 얻고, 영업 성과에 따라 배당 이익을 얻을 수 있는 유가증권이다. 반면에 채권은 채권 금액과 만기일이 정해진 차용증서로서 채권금리가 수익이다.

둘째, 공급 방식에서 차이가 있다. 주식은 주식회사가 공모, 감자, 증자 등의 방식으로 증권시장에 공급한다. 반면에 채권은 국가, 지방자치단체, 금융기관, 회사 등에서 차용증을 발행해 증권시장에 공급한다.

셋째, 수요자에 차이가 있다. 주식의 수요자는 일반 투자자, 기관 투자자, 외국인 투자자가 있다. 그들은 주식시장에서 주식을 매수한다. 반면에 채권의 수요는 주식과는 다르다. 세부적으로 설명하면 최초에 만기 1년짜리 액면 1000원짜리 채권을 발행한다고 하면, 이 채권의 액면에는 1000원이라고 되어 있다. 이는 이 채권을 1년 후에 들고 오면 1000원을 돌려준다는 의미다. 따라서 1년 후에 1000원을 받을 수 있는 채권을 지금 산다면 당연히 1000원보다 싸야 하는 거다. 1년간 이자를 받아야 하니까 그렇다. 즉, 1년 후 1000원을 받을 수 있는 채권을 이자율만큼 할인해서 싸게 매입한다. 이자율이 10%라면 대략 900원에 사고 만기에 1000원을 받게 되는 것이다. 채권금리가 높아지면 채권의 매입 가격은 내려가게 된다. 결국 채권을 산 사람은 싸게 매입한 인하율만큼 만기 수익이 올라가게 된다. 그래서 채권의 수요는 주식의 수요와는 다르다.

넷째, 투자의 가치 지향점이 다르다. 주식은 해당 회사의 미래 가치에 투자하는 것이지만, 채권은 채권 발행자의 안전성에 기반해서 투자하는 것이다. 보통 주식투자는 가치투자이고, 장기투자라고 하는 이유가 여기에 있다.

주식투자는 주로 배터리, 반도체, 바이오 등의 미래가치가 높은 기술 관련 주식에 투자한다. 반면 채권은 신용등급에 의해서 투자한다. 안전도 순서는 국가가 발행하는 국채, 그다음은 지방자치단체가 발행하는 지방채, 공사기업채권, 금융채, 회사채 순서로 안전도가 낮아진다.

다섯째, 주식시장과 채권시장의 규모에 차이가 있다. 글로벌 채권시장은 87.2조 달러이고, 글로벌 주식시장은 42.3조 달러이다. 채권시장이 주식시장의 두 배 규모이다. 그중에서 한국의 채권시장은 세계 전체 채권시장의 단 1%에 불과하다. 대체로 미국 채권시장이 글로벌 채권시장의 40%를 차지하고 있다.

미국 채권이 34조 달러고, 미국 주식이 20조 달러다. 미국의 재무부가 미국 국채를 가장 많이 발행하고 있다. 세계에서 가장 큰 채권 발행자다.

채권시장이 주식시장보다 큰 이유가 있다. 채권시장에는 정부와 기업이 참여하고, 주식시장은 기업만 참여하고 있기 때문이다.

주식은 기업의 미래가치에 투자하는 유가증권이고, 채권은 발행자의 신용도를 바라보고 투자하는 유가증권이다. 이 차이점을 이해하고 주식시장과 채권시장을 바라보면, 전반적인 흐름을 이해할 수 있다.

둘째, 부동산 자산이다.

부동산의 법률적 정의는 이렇다. 물건物件인 유체물有體物 및 전기電氣, 기타 관리할 수 있는 자연력(민법 제98조) 중에서 토지 및 그 정착물은 부동산이고, 부동산 이외의 물건은 동산이라고 한다. 부동산은 대표적으로 땅과 집을 말한다.

부동산 자산은 그 가치가 인구와 정부 정책, 그리고 금리 정책 이 세 가지와 관련이 깊다. 첫째, 인구는 인구 밀도와 사업성을 기반으로 한 경제 인프라 등에 영향을 받고 있다. 둘째, 정부 정책에 의해서 변동된다. 거래세, 담보대출 규제 등 부동산시장 개입을 주된 목적으로 하는 거래 정책뿐 아니라 용적률 상향, 사회 간접 자본건설 등 도시계획이라는 부동산 정책이 부동산 자산에 큰 영향을 미친다. 셋째, 금리 정책에 의해서 영향을 받는다. 따라서 우리나라처럼 인구 밀도가 굉장히 높고, 부동산 소유주에게 유리한 정책을 펼치는 국가에서는 부동산 자산으로 자산을 증식할 수 있다.

아들아, 자산의 원리는 다양한 자산을 미래에 가치가 상승할 포트폴리오로 배분하여 자산 가치 상승을 만드는 경제 원리를 말한다. 그래서 자산의 원리에 따라서 투자하는 것을 '경제의 법칙' 이라고 한다. 자산의 원리는 어떤 자산에 어떻게 투자해서 부를 증진할 것인가를 결정하는 방법이라고 할 수 있다. 우리 집은 주로 아파트라는 부동산 자산에 배분 투자해서 부를 증진했다. 너희 세대에도 부동산 자산 배분 전략이 유용할지는 30년 후의 경제 흐름을 살펴보면서 판단하길 바란다.

　사랑한다. 아들아.

부동산시장에서 미분양은
경제적 재난이다

은행 자금줄 마른 PF 지방 건설 현장 멈췄다.

아들아, 2022년 9월 14일 파이낸셜 뉴스 기사이다. 기사 속 'PF'가 무엇일까? 아버지는 암호해독을 하듯이 그 뜻을 유추해보았다. 아마도 '자금줄과 지방 건설 현장'이라는 말이 있으니, 'F'는 'Financing'의 앞 글자로 짐작했다. 하지만 'P'는 무슨 단어의 앞 글자인지 짐작을 할 수가 없었다. 그러다가 검색을 통해서 알았다. 'P'는 프로젝트였다. 기사를 해석하면 프로젝트 파이낸싱PF, Project

Financing 시장에 돈이 마르면서 지방 건설 사업장들의 건설 현장이 전면 중단되었다는 의미였다.

PF는 사업을 추진하는 건설업체 입장에서 건설이나 대형 사업과 같은 특정 프로젝트에서 미래에 발생할 현금 흐름을 담보로 필요한 자금을 조달하는 금융 기법을 말한다. 반면에 투자자인 은행 입장에선 사업주로부터 분리된 프로젝트에 자금을 조달하는 것을 말한다. 즉, 자금 조달에 있어서 자금 제공자들은 프로젝트의 현금 흐름을 우선 고려해 대출을 결정하고, 프로젝트에 투자한 원금과 그에 대한 수익을 돌려받는 자금 구조를 의미한다.

이렇게 불친절한 PF의 의미를 경제용어 사전으로 정확히 파악하고 난 후에 기사가 전달하려는 뜻을 이해할 수 있었다. 한마디로 지방 부동산 개발 사업에는 은행이 자금 대출을 대폭 축소했다는 말로 지방에서 집을 지으려고 해도 돈이 없다는 뜻이었다. 그래서 고금리로 인상된 이후에 지방에서 진행해야 할 건설이 중단되었고, 이로 인해 건설 사업체의 부실을 낳고 있다는 말이었다. 건설 사업자의 부실은 그동안 자금거래를 해왔던 은행들의 부실로 연결되고, 결국 이 악순환이 지방 건설업의 침체로 이어져서 그 끝에는 지방 소멸까지 이어질 것이라는 기사였다.

아들아, 돈 공부는 인생 공부였다

물고기가 미끼 속의 낚싯바늘을 보았다면, 더 이상 물고기가 아니라는 말이 있다. 이 말은 장사치가 눈앞에 이익 뒤에 감추어진 위험을 보기 시작하면, 사업가가 된다는 뜻이다. 기업인에게 필요한 것은 미끼 속에 숨겨진 낚싯바늘을 찾아내는 눈이다. 지금 부동산시장에는 낚싯바늘이 널려 있다. 가장 치명적인 낚싯바늘은 미분양이다. 그 낚싯바늘을 삼키는 순간 부동산시장의 붕괴가 시작된다.

아들아, 치명적인 위험으로 미분양을 꼽는 이유가 있다. 우리나라 부동산시장의 아주 특이한 신규 대규모 주택 공급 방식 때문이다. 바로 분양제도다. 보통 부동산시장에서 대단위 신규 공동주택 공급 방식은 주택 분양제도에 의해서 진행된다. 주택 분양제도는 주택사업자가 입주자에게 주택을 판매하는 방식을 말한다.

먼저 분양제도에는 선분양제도와 후분양제도가 있다. 선분양제도는 주택건설을 위한 부지가 확보되면 주택시공사가 착공과 동시에 분양보증을 받아서 입주자를 모집하는 방식이다. 선분양제도는 주택사업자가 입주자들의 계약과 중도금, 잔금을 받아서 주택을 짓는다. 선분양제도는 주택시행사가 사전에 주택건설자금을 확보하는 노력을 하지 않아도 된다.

후분양제도는 미리 주택건설자금을 받지 않고, 공정률이 80%

이상 정도 되었을 때 분양을 시작해서 건설 자금을 대체하게 된다. 결국 후분양제도에서 주택시공자는 입주자의 돈이 아닌 다른 방식으로 건설 자금을 확보해야만 한다.

분양제도는 요즘 부동산시장의 뜨거운 이슈인 PF와 아주 관련이 깊다. 분양제도에서 대단위 부동산 개발 관련 사업은 PF에 의해서 자금 조달이 이뤄진다. 보통 주택시행사는 서류상으로 회사를 만들어서 부동산 개발을 전제로 개발 부지 매입 및 부지 개발에 소요되는 자금을 대출받아서 사업한다. 바로 여기에 거대한 낚싯바늘이 도사리고 있다. 이렇게 분양제도에서 주택건설사업자금은 주택사업자의 신용이나 물적 담보물이 없이 미래의 주택을 가치로 대출되는 자금이니, 대출이자가 높은 것은 당연하다.

이 모든 위험한 낚싯바늘을 한 방에 해결하는 핵심은 바로 분양이다. 사업을 설계했던 분양가로 분양이 이루어져야만 시행사, 금융사, 시공사의 사업이 깔끔하게 마무리될 수 있다. 다시 말해, 미래의 돈줄인 분양이 제대로 이루어지지 않는다면 무슨 일이 벌어지겠는가? PF 대출금은 채무불이행이 벌어지는 것이고, 부동산 개발에 관련된 주택 시행사, 주택 시공사, PF 출자한 금융업체들이 줄줄이 부도나게 된다.

아들아, 지금 부동산의 건설 상황은 위험하다. 자금시장은 레고랜드 사태로 인한 돈맥경화고 부동산 거래는 집값 하락으로 주택 수요가 없다. 건설 시행사는 두 가지의 요인으로 신규주택 개발 산업은 꿈도 못 꾸고 있다. 그런데 여기에 미분양 사태가 벌어지면 그 이후의 사태는 뻔하다. 주택시행사와 시공사, 그리고 금융업체들이 줄줄이 도산하면서 경제 전반에 퍼펙트 스톰이 일어난다. 미분양은 부동산시장의 몰락으로 가는 방아쇠다. 그래서 빠른 시일 내, 미분양 문제를 해결하는 것이 급선무다.

지금이라도 미분양을 해소할 단기 정책이 필요하다. 처음에 호미를 막을 것을 가래로도 못 막는 사태가 벌어지기 전에 대책을 마련해야 한다.

이렇게 경제 공부를 통해서 전반적인 경제 흐름을 이해하고 있어야 위험을 인지하는 눈이 생긴다.

사랑한다. 아들아.

시장의 구조를
알아야 한다

위대한 마케터는 제품을 살피는 것보다 먼저 그 시장을 면밀하게 살핀다. 그렇다. 시장이 제품보다 먼저다. 나무를 보기 전에 숲을 보고, 특히 숲 중에서도 생태군별 특징을 살필 줄 알아야 한다. 이것이 우수함을 넘어 위대함으로 가는 방법이다.

아들아, 경제 공부는 제일 먼저 시장의 개념을 이해하는 지점에서 시작해야 한다. 그래야만 우수함을 뛰어넘는 위대함을 실현할 수 있다. 누군가 경제 현상의 본질을 이해하고 싶다면, 먼저 제

아들아, 돈 공부는 인생 공부였다

품 시장의 구조를 이해하고 있어야 한다. 만약에 돈을 공부하고 싶다면, 돈의 특징과 함께 수요와 공급이 이루어지는 금융시장을 이해해야 한다. 금융시장을 모르고는 돈 공부를 할 수는 없다.

지금부터 시장의 구조를 우선으로 살피겠다. 시장이란 여러 가지 상품을 사고파는 일정한 장소를 말하거나, 상품으로서의 재화와 서비스의 거래가 이루어지는 추상적인 영역이다. 한마디로 시장이란 물건을 사고파는 공간이다. 시장은 보통 사고파는 물건의 종류에 따라 크게 세 가지로 구분된다.

첫째, 상품시장이다.

상품시장이란 의식주와 관련된 재화와 서비스가 거래되는 시장이다. 대표적으로 곡물과 채소, 과일 같은 식료품이 있다. 입고 바르는 의류와 화장품 등의 패션 제품이 있고, 휴지와 세제 등의 주거 생활용품 등이 있다. 상품시장의 공급자는 산업별로 구분된다. 농·축·수산물을 공급하는 1차 산업이 있고, 공장식 생산으로 공급하는 2차 산업이 있고, 3차 산업은 서비스 산업이다.

제1차 산업에는 농업, 임업, 수산업, 목축업 등의 종류가 있고, 제2차 산업에는 제조업, 광업, 건설업, 전기 등의 종류가 있으며,

제3차 산업에는 상업, 운수업, 금융업, 공무, 가사, 자유업 등이 있다. 상품시장에서 공급은 소수의 대량 공급자가 상품을 공급하는 형태고, 수요는 다수의 소량을 구매하는 수요자가 만난다. 이런 특성으로 상품시장에선 공급자 중심의 마케팅 전략이 활발하다.

상품시장이 움직이는 주동력은 마케팅이다. 공급자가 상품을 판매하기 위한 마케팅이 대대적으로 이루어지는 시장 구조다. 이런 구조적인 특징이 상품시장의 성격을 결정한다.

《필립 코틀러의 마켓 4.0》으로 시장의 구조를 설명할 수 있다. 마켓 1.0은 제품 위주의 마케팅이고, 마켓 2.0은 소비자 중심의 마케팅이고, 마켓 3.0은 인간 중심의 마케팅이고, 마켓 4.0은 온·오프라인 상호 작용을 통한 통합 마케팅이 이루어지는 시장이다. 가격이 결정되는 과정도 수요와 공급에 의한 과정이기보다는 공급자 중심의 가격 결정이 이루어진다.

둘째, 자산시장이다.

자산시장은 개인이나 법인이 소유하고 있는 경제적 가치가 있는 유형과 무형의 재산을 말한다. 무형자산은 오랜 기간 사용 가치를 지니면서도 구체적인 형태가 없는 자산이다. 특허권, 저작권, 영업권이 이에 해당한다. 유형자산은 고정자산 가운데 구체적인 형태가 있는 자산을 말한다. 토지, 건물, 차량, 공장, 기계가 있다. 자산시장에서 가장 대표적인 자산은 부동산시장이다. 부동산시장의 공급 방식은 상품시장과는 확연히 다르다. 대표적으로 아파트 주택의 공급 방식을 통해서 부동산시장의 특징을 살펴볼 수 있다.

첫째, 택지 개발을 통해 신규 주택을 공급하는 방식이다. 택지 개발의 대단위 신규 주택 공급은 분당이나 일산 같은 신도시 개발이다. 분당은 1989년 4월 27일, 분당 지구 일대 540만 평에 10만 5000호의 주택과 도시 시설을 갖춘 인구 42만 명의 신도시 건설 계획으로 만들어진 도시다.

둘째, 기존 주택을 재건축해서 신규 주택 공급하는 방식이다. 길음타운 개발이나 둔촌주공 재건축 아파트 공급이다. 둔촌주공 재건축은 1979년 준공한 강동구 둔촌동에 있는 둔촌주공아파트(143개 동 5930세대가 거주)를 재건축하고, 1만 2032세대에게는 일반 분양으로 5056세대로 신규 주택을 공급한 방식이다.

셋째, 기존 주택들이 거래되는 기존 주택 공급 방식이다. 대한민국 주택 수는 총 1만 8527천 호이고, 그중에서 아파트는 1만 1662호가 있다. 이 아파트가 시장에 매물로 나오면서 공급의 역할을 한다. 이렇게 부동산시장은 일반 상품시장과는 전혀 다른 구조 방식으로 공급되고 있다. 이런 공급의 측면이 자산시장의 구조적인 특징을 부여한다. 결국 대부분의 부동산 공급은 재고 주택이 공급되고 있는 방식이다. 상품시장에선 중고 상품이 거래되는 시장이라고 볼 수 있다.

셋째, 금융시장이다.

금융시장이란 가계, 기업, 정부의 경제 주체들이 금융상품 거래로 자금을 조달하고, 여유 자금을 운영하여 금융상품의 수요와 공급이 이루어지는 시장을 말한다. 금융상품은 소유한 돈을 안전하게 관리하는 예금 금융상품이 있고, 돈을 빌리는 대출 금융상품이 있고, 소유한 돈의 가치를 키우려는 투자 금융상품이 있고, 위험에 대비하기 위한 보험 금융상품이 있다. 그리고 금융시장은 유가증권의 수요와 공급이 만나는 증권시장이 있고, 달러와 엔화 등 각국의 화폐들의 수요와 공급이 만나는 외환시장이 있고, 보험의 수요와 공급이 만나는 보험시장이 있다. 포괄적으로 돈의 수요와 공급이 만나는 시장을 금융시장이라고 한다.

금융시장에 따라서 공급자는 차이가 있다. 대표적인 금융시장인 대출시장과 예금시장이 있다. 예금과 대출 시장에서 공급자는 은행권이다. 제1금융권, 제2금융권, 제3금융권으로 분류된다. 제1금융권은 KB국민은행, 우리은행, 신한은행, NH농협, 하나은행이 5대 시중 은행이다.

제2금융권은 은행을 제외한 금융기관을 말하며, 자금의 중개를 주로 담당하는 비통화 금융기관이다. 제2금융권에는 보험회사, 신탁회사, 증권회사, 종합금융회사, 여신금융회사(카드회사, 캐피탈 등), 상호저축은행 등이 해당된다. 제3금융권은 제도 금융권이 아닌 사금융권을 지칭하며, 흔히 대부업체나 사채업체 등을 이르는 말이다.

금융권은 대출 금융상품의 공급자로서 돈을 빌려주는 대출상품을 공급하고, 이윤인 대출이자를 받는다. 물론 대출이자는 제1금융권이 낮고, 제3금융권이 높다. 예금이자도 제1금융권이 낮고, 제3금융권이 높다. 그 이유는 안전성에 따른 차이다. 예금에선 예금이자는 낮지만, 지급 이행은 높은 곳이 바로 제1금융권이다.

예금과 대출의 금융상품 공급자는 금융권이다. 그리고 금융상품의 수요자는 경제 주체가 된다. 가계와 기업, 정부가 금융상품의 수요자가 된다. 금융시장은 금융권이 공급자가 되고, 경제 주체가 수요자가 되는 시장이다. 외환시장, 증권시장, 일반금융시장까지 똑같이 적용된다.

시장의 상품 공급자인 금융권은 금융상품을 만들기 위해서 기본적으로 자금을 보유하고 있어야 한다. 자금 확보의 방식으로 은행은 중앙은행에서 자금을 빌리거나 아니면 경제 주체가 예금한 자금을 기반으로 금융상품을 만들어낸다. 증권사는 증권의 발행과 유통을 통해서 자금을 확보하고, 투자 금융상품이나 대출 금융상품을 만든다. 보험사는 보험증권을 발행해서 보험료를 받아서 자금을 확보하고, 투자 금융상품이나, 대출 금융상품을 만든다. 그래서 금융시장은 자금의 흐름을 수단으로 금융상품을 만드는 시장이다. 이것은 금융시장만의 독특한 시장 구조를 만든다.

예를 들면 아버지가 아파트를 한 채 사기 위해서 5억 원을 신용대출 받으려 한다고 가정하자. 아버지는 제1금융권의 주거래은행 A은행에 찾아가 A은행의 5% 신용대출 상품을 가지고 대출 상담을 했다. A은행은 한마디로 대출해줄 수 없다고 거절한다. 아버지가 퇴직해서 직장이 없는 작가이기 때문에 신용이 없다고 한다. 어쩔 수 없이 제2금융권인 B저축은행에 갔다. B저축은행의 연 10% 신용대출을 요청했다. B저축은행도 신용대출은 불가하다고 한다. 이렇게 제1금융권과 제2금융권에서 대출을 받지 못한 아버지는 대부업체에서 법정 최고금리인 20% 대출상품을 받을 수밖에 없다.

아들아, 시장의 원리에서 한 가지 더 경제적인 통찰을 말해주고 싶다. 아버지가 마트에서 일하면서 일의 기준과 원칙으로 삼았던 말이다.

"뛰어난 마케터는 제품보다 시장을 본다. 하지만 위대한 마케터는 시장을 넘어 고객을 본다."

너는 제품보다 시장을, 나아가 시장보다 고객을, 더 나아가 고객의 숨겨진 니즈까지 볼 수 있기를 바란다.

사랑한다. 아들아.

경제지표가 무엇인지
알아야 한다

통계는 경제의 리트머스다. 경제가 불황인지 호황인지는 통계 데이터를 뽑아내면 알 수 있다. 그렇게 뽑아낸 경제의 리트머스가 경제지표다. 경제지표로 경제의 흐름을 파악할 수 있다.

아들아, 통화가치가 자본주의 사회에선 가장 중요한 핵심 가치이며, 가장 기본적인 자본주의의 질서가 된다. 이렇게 중요한 통화가치의 의미를 먼저 살펴볼 필요가 있다.

통화가치는 사전적으로 화폐가 지니는 구매력을 말한다. 다시 말하면 한 단위의 화폐가 재화 및 용역을 살 수 있는 능력이다. 흔히 물가지수의 역수逆數로 표시한다. 그래서 인플레이션이 일어나면 화폐의 가치는 떨어지게 되어 있다. 자본주의 사회에서 화폐의 가치가 경제 정책의 가장 기본적인 기준이다. 경제지표 중에서 대표적인 물가지표, 금리지표, 임금지표, 환율지표, 경제성장률지표를 통화가치 관점에서 살펴볼 필요가 있다.

첫째, 물가지표다.

물가지표는 화폐로 살 수 있는 물건값의 평균이다. 작년에 국산 콩나물 500g을 2000원에 살 수 있었는데, 올해 2500원에 산다는 것은 물가가 25% 상승했다는 의미다. 즉, 작년보다 통화가치가 25% 떨어졌다는 것이다. 그렇다고 국산 콩나물 500g이 상품으로써 가치가 25% 상승했느냐, 그것은 아니다. 이처럼 물건의 가치는 그대로 있는데 지불해야 하는 돈이 많아지게 되는 것이 인플레이션이다. 돈의 관점에서 인플레이션은 통화가치가 떨어지는 것을 의미한다.

둘째, 금리지표다.

금리는 돈의 값을 말한다. 돈의 가치가 어느 정도인지는 금리로 알 수가 있다. 돈 1억 원의 금리가 연 2%라는 말은 1억 원을 빌려서 사용하는 데, 1년에 200만 원의 가치가 있다는 말이다. 즉, 돈을 빌려서 사용하는 가치가 금리지표가 된다. 그리고 돈의 사용 가치를 조정하는 방식으로 통화가치를 조정할 수가 있다.

중앙은행에서 기준 금리를 올린다는 말은 강제적으로 통화가치를 올려서 돈의 유동성을 조절한다는 말이다. 보통 물가가 올라가서 통화가치가 떨어지면, 기준 금리를 올려서 통화가치를 올리는 통화정책을 실시한다. 이것은 물가상승으로 통화가치가 떨어지는 현상을 막기 위한 조치다. 물가와 금리는 역수의 관계에 있다.

셋째, 임금지표다.

임금이란 노동의 값을 말한다. 사람은 노동을 제공하고, 그 대가로 돈을 받는다. 그렇게 받는 돈을 임금이라고 한다. 통화가치 측면에서 임금은 대가의 가치와 사용 가치를 결정하게 된다.

아들아, 돈 공부는 인생 공부였다

노동으로 벌어들인 소득의 통화가치가 높다면, 그 임금의 효용성은 높다. 반면에 물가가 상승해서 똑같이 임금을 벌어들임에도 불구하고 살 수 있는 물건이 적어진다면 통화가치의 하락을 의미한다.

넷째, 환율지표다.

환율은 원화를 달러로 교환하는 비율을 의미한다. 예를 들어 미화 1달러와 원화 1380원을 교환한다면, 환율이 1380원이다. 이 말은 원화가치가 1달러당 1380원이고, 1대 1380으로 교환이 가능하다는 뜻이다.

환율에서 가장 중요한 것은 교환 비율이다. 즉, 환율이 1달러당 1180원에서 1380원이 되었다는 것은 원화의 통화가치가 달러와 비교해서 200원이 하락했다는 의미다. 해외에 나가면, 원화 1380원이 1달러로 거래되기 때문에 상품의 가격 경쟁력은 상승한다는 말이다. 반면에 수입 상품의 경우 상품의 가치는 그대로인데 원화의 값만 올라가는 현상이 일어난다.

다섯째, 경제 성장률이다.

통화가치 관점에서 경제 성장률은 생산과 소득이 전년 대비 얼마나 커졌는지 나타내는 지표다. 즉, 통화가치가 전년 대비 커진 정도를 나타내는 것이 바로 경제 성장률이다. 자본주의 사회에서는 통화가치가 과거보다 미래에 조금이라도 커져야 한다. 통화가치가 위축되면 경제 주체인 누군가는 화폐를 상용하지 못하게 되었다는 의미다. 화폐를 사용해서 통화가치를 누릴 수 있어야 경제적 윤택함을 누릴 수 있는 것이다.

사랑한다. 아들아.

아들아, 돈 공부는 인생 공부였다

물가를 알아야
경제가 보인다

물건의 가격이 전년 동월 대비 얼마나 올랐는가, 아니면 내렸는가를 보여주는 것이 물가지수다. 물가지수에는 종류가 있다. 세상에는 너무도 다양한 종류의 물건이 있기 때문이다.

종류를 분류하지 않고 그냥 물가가 뛰었다는 의미로는 구체적으로 어떤 물건의 가격이 뛰었는지 알 수 없다. 그래서 경제 주체들이 사용하는 물건의 종류에 따라서 물가지수를 구별하는 것이다.

첫째, 소비자물가지수다.

소비자들이 많이 사용하는 물건 460개의 가격을 조사하여 산출한 물가지수다. 소비자물가지수가 5% 상승했다는 말은 소비자들이 사용하는 460개의 물건 가격이 지난해보다 평균적으로 5% 상승했다는 의미이다.

둘째, 근원물가지수이다.

소비자물가지수 중 변동성이 높은 물건을 제외하고 근원적인 물가지수가 어떻게 흘러가는지를 판단하는 물가지수다. 가격 변동성이 높은 농산물이나 석유를 제외하고 산정한 소비자물가지수라고 보면 된다. 태풍과 가뭄 등 기후 환경 변화에 따라서 채소의 가격이 며칠 사이에 몇 배씩 뛰는 경우도 있다. 러시아와 우크라이나 전쟁으로 에너지자원인 석유 가격도 폭등한다. 즉, 외부변수로 갑자기 가격이 폭등하거나 폭락하는 품목은 제외하고, 근원적인 물가의 흐름을 알고 싶을 때는 근원물가지수를 살펴보면 된다.

아들아, 돈 공부는 인생 공부였다

셋째, 생활물가지수다.

소비자들이 일상생활을 하는 데 필요한 생활필수품 141개의 물건 가격을 조사하여 산정한 물가지수다. 보통 가정에서 장바구니에 들어가는 품목들이 대부분이라, 흔히 장바구니 물가지수라고 부른다. 너희 엄마는 채소와 과일은 주로 재래시장에서, 가정용품은 다이소에서 장을 본다. 재래시장과 다이소의 상품 가격이 마트보다 저렴하기 때문이다. 생활물가지수는 너희 엄마가 재래시장과 다이소에서 사는 물건들의 가격이라고 보면 된다.

넷째, 생산자물가지수다.

생산자에게 중요한 물건 867개의 가격을 조사하여 산정한 물가지수다. 생산자물가지수는 생산의 주체인 기업에게 중요하며 소비자물가지수에 영향을 미치므로, 소비자들도 관심을 가져야 한다. 생산자물가지수에서 원재료 가격이 20% 올랐다면, 기업은 생산품의 가격을 올릴 수밖에 없다. 결국 생산자물가지수의 상승은 소비자물가지수의 상승을, 생산자물가지수의 하락은 소비자물가지수의 하락을 알 수 있는 선행지표라고 볼 수 있다.

다섯 째, GDP 디플레이터deflator다.

조금은 생소한 이름인데, 이것은 직접 조사하는 지수가 아니라, 명목 GDP와 실질 GDP를 이용해서 산정한 물가지수다. 한 나라에서 생산된 모든 물건의 가격을 조사한 지수라고 볼 수 있다. 명목 GDP는 당해년 시장 가격으로 생산액을 평가한 것으로 물가상승분이 반영된 것이고, 실질 GDP는 생산량에 기준 년도의 시장 가격을 곱해서 계산하므로 가격 변동은 제거되고 생산량의 변동만 반영한다. 즉, 실질 GDP로 명목 GDP를 나누어주면, 국내에서 생산한 물건의 물가상승률을 구할 수 있다.

맥주잔에 맥주를 따르는 예를 들면 쉽게 이해할 수 있다. 명목 GDP는 맥주잔에 맥주를 따랐을 때 거품까지 포함된 높이고, 실질 GDP는 맥주 거품 안에 거품이 사라진 순수한 맥주 높이다. 맥주 거품이 포함된 높이에서 맥주 거품이 다 가라앉은 높이를 나누면, 맥주 거품의 상승분을 구할 수 있다. 이와 같은 방법으로 GDP 디플레이터는 GDP에 포함된 물가상승의 거품을 파악할 수 있다. GDP에 포함된 가격의 거품 양을 알아내는 방법처럼 모든 상품에 포함된 인플레이션을 파악할 수 있다.

아들아, '골디락스 법칙'을 알고 있어야 한다. 먹기 좋은 수프는 너무 뜨겁거나 차갑지 않고, 미지근한 정도의 따뜻한 수프가 좋다는 이론이다. 물가도 마찬가지다. 물가가 너무 뜨겁게 오르거나, 너무 차갑게 식는 것보다 미지근하게 따뜻한 수준으로 오르는 것이 좋다. 그래서 보통은 0~2%의 물가상승률이 좋다고 하는 것이다.

물가지수가 통화정책의 미치는 영향을 이해하고, 경제 성장과 어떤 상관관계를 갖는지 이해하는 것은 경제 흐름을 파악하는 일이다. 그래서 물가를 알면 경제가 보인다고 한다.

사랑한다. 아들아.

금리를 알아야
경제를 공부할 수 있다

오늘날의 경제 환경을 극단적으로 말하면 돈이 주인인 세상이라고 한다. 돈이 권력이고 힘이다. 그런 돈을 어떻게 평가할 수 있을까? 그것은 돈의 값으로 판단한다. 금리가 바로 돈의 가치 평가의 결과다. 돈을 사용하는 데 사용료를 얼마나 내야 하는지를 정리한 비율이 바로 금리다. 금리의 변화를 알아야 경제 흐름을 알 수 있다.

아들아, 금리는 돈의 가치를 말한다. 만약에 돈의 가치가 바닥에 떨어지면 무슨 일이 벌어질까? 사람들은 돈을 신뢰하지 않게 되고 자본주의의 기본 질서가 무너진다. 그래서 돈의 가치인 금리와 물가, 고용, 경제성장률의 상관관계를 면밀히 살피는 것이다. 금리는 경제 지표의 핵심축이다.

금리에는 여러 가지 종류가 있다. 그중에서 기준 금리를 이해해야 한다. 기준 금리에 관한 설명에 앞서 뜬금없지만 헌법을 정의하고 싶다. 기준 금리를 제대로 설명하기 위함이다.

헌법은 국가라는 정치적 공동체의 존재 형태와 기본적 가치 질서에 관한 국민적 합의를 규정하고 있는 기본법을 말한다. 헌법 1조 ① 대한민국은 민주공화국이다. ② 대한민국의 주권은 국민에게 있고, 모든 권력은 국민으로부터 나온다.

대한민국이라는 국가의 존재 형태와 가치 질서는 민주공화국이고, 주권은 국민에게 있고, 모든 권력은 국민으로부터 나온다고 규정한 것이다. 헌법을 경제 관점에서 변형하면 이렇게 말할 수 있다.

대한민국의 경제 체제와 경제 질서는 금융자본주의 체제며, 경제 주권은 돈에 있고 모든 경제 권력은 기준 금리에 의해서 결정된다.

단언컨대 작금의 경제 사회에서 이 말을 뼛속까지 이해하지 못하고 있다면 경제 문맹자다. 기준 금리는 시중에 풀린 돈의 양을 조절하는 수문이다. 마치 팔당댐에서 서울을 관통하는 한강의 수위를 조절하는 기능과 유사하다. 돈의 수문 조절 장치라고 보면된다. 서울 시내에 가뭄이 들어서 한강 바닥이 보일 정도로 수위가 떨어지면, 댐의 수문을 내려서 물을 방류한다.

반면에 한강의 수위가 높아서 강둑 위까지 넘칠 것 같으면, 수문을 높여서 방류량을 조절한다. 기준 금리는 댐의 수위 조절 수문처럼, 올렸다 내렸다 하면서 수위를 조절하는 수문 장치라고 보면 된다.

대형마트에서 가격 결정은 MD의 몫이다. 만약 라면의 재고 수량이 부족하면 MD는 수요량을 낮추기 위해서 가격을 올린다. 그러면 수요량이 감소하고, 재고 수량과 만나는 지점에서 물량이 축소된다.

금융시장에서 금리의 결정은 중앙은행의 몫이다. 시중에 돈의 유통량이 너무 많아서 물가가 상승하고 돈의 가치가 하락하면, 기준 금리를 올려서 돈의 가치를 강제적으로 높이는 통화정책을 사용한다. 기준 금리를 올려서 돈의 수요량을 강제적으로 줄이는 것이다. 그만큼 금융자본주의에선 기준 금리를 조정하는 통화정책이 중요하다. 어쩌면 통화정책은 경제의 헌법이라고 볼 수 있다.

통화정책의 핵심인 기준 금리는 네 가지의 걸음이 있다. 걸음은 보폭의 크기에 따라서 구분한다. 베이비스텝은 0.25%, 빅스텝은 0.50%, 자이언트스텝은 0.75%, 울트라스텝은 1.00%다. 기준 금리는 이 보폭에 따라 올리고 내리면서 돈의 유통량을 조절한다. 기준 금리를 뼛속까지 이해했다면, 걸음의 보폭과 속도가 갖고 있는 경제적 의미를 파악할 수 있다. 그리고 금리의 종류는 크게 세 가지로 나눌 수 있다.

첫째, 금리의 기준인 기준 금리다.

기준 금리는 중앙은행이 국내 물가, 국내외 경기 흐름, 금융과 외환시장 등의 상황을 고려하여 결정한다. 우리나라는 금융통화위원회가 미국은 공개시장위원회의 의결을 거쳐서 결정한다. 그래서 기준 금리를 정책금리라고 한다.

기준 금리는 중앙은행이 다른 금융기관과 거래를 할 때 기준으로 삼는 정책금리다. 중앙은행은 7일 물환매조건부채권을 공정입찰금리로 매각하고, 최저입찰금리로 매입하여 기준 금리를 적용한다. 이것은 콜금리에 영향을 미치고, 장단기 시장 금리에 확산되고, 마지막으로 예금과 대출 금리에 영향을 미친다.

둘째, 시장 금리다.

시장 금리는 금융시장에서 형성된 금리다. 1년을 기준으로 단기 금리와 장기 금리가 있다. 단기 금리는 금융회사 간 콜금리와 환매조건부채권, 양도성 예금증서의 수익률을 말한다. 장기 금리는 1년 이상의 국공채, 금융채, 회사채의 수익률을 말한다.

셋째, 금융회사의 여수신 금리다.

여수신 금리는 금융회사가 경제 주체들에게 예금이나 대출을 제공할 때 적용하는 이자율과 금리를 말한다. 수신 금리는 예금 금리라고 하며, 여신 금리는 대출 금리라고 한다. 예금 금리는 예금의 특성이나 규모, 만기를 고려하여 결정한다. 대출 금리는 코픽스cost of fund index나 양도성 예금증서CD, certificate of deposit, 유통수익률 등을 기준으로 차입자의 신용도나 담보 유무를 고려하여 결정한다.

2022년 11월 24일 기준 금리는 대한민국이 3.25%, 미국이 4.0%, 유럽중앙은행이 2.0%, 일본이 -0.1%다. 현재 예금 금리는 1년 정기예금 기준 3% 수준이고, 주택담보대출 이자는 10년 만기 분할 상환 기준으로 5%선에 이른다. 이렇게 기준 금리의 변동에 따라서 시장 금리와 여수신 금리가 변동되고 있다. 결국 가장 기본이 되는 기준 금리의 걸음 보폭과 속도에 따른 변화를 이해하고 있어야 한다.

이렇게 중요한 기준 금리가 변동하면 경제에 어떤 영향을 미치는지를 살펴보자. 먼저 기준 금리를 올리는 경우다. 기준 금리를 올리면, 예금 금리와 대출 금리가 올라간다. 은행에 예금을 한 경제 주체는 이자 수익이 늘어나지만, 돈을 빌린 경우 이자 비용이 증가하게 된다.

돈을 빌린 가계는 이자 비용이 늘어나기 때문에 소비를 줄이고 저축을 늘려가게 된다. 돈을 빌린 기업도 이자 부담으로 생산과 투자가 위축된다. 결국 중앙은행이 기준 금리를 올리면, 필연적으로 경제가 위축된다. 그래서 기준 금리를 올릴 때 걸음의 보폭과 속도, 실업률과 경제성장률이라는 두 가지 경제지표를 고려하면서 신중하게 결정하는 것이다.

기준 금리 인상은 경제불황의 시그널이 되는 경우가 많다. 반대로 기준 금리를 내리는 경우에는 경기 부양책을 쓰고 있는 것이다. 그래서 기준 금리를 내리면 예금 금리와 대출 금리도 내려간다. 가계는 예금보다 대출을 받아서 투자와 소비를 하게 되고 경기는 활기를 띠기 시작한다.

기업도 마찬가지다. 낮은 대출 금리로 돈을 빌려서 늘어난 수요에 맞춰 생산량을 올리고, 다른 투자에도 열을 올린다.

결국 기준 금리를 내리면 경제가 활성화된다. 그리고 너도나도 대출을 받아서 주식과 부동산에 투자하다 보면, 자산 가격 폭등이 일어난다. 종국에는 물가상승으로 이어진다. 이렇게 자산가격 폭등과 물가 폭등이 일어나면 통화가치가 떨어지게 되므로, 중앙은행은 기준 금리를 인상하는 방향으로 통화정책을 선회할 수밖에 없다. 2022년 세계의 중앙은행들이 기준 금리를 올린 것은 바로 이런 이유 때문이다.

폴 볼커 전 연준 의장이 말했다.

"중앙은행의 역할은 파티가 한창일 때 접시를 빼는 것이다."

아들아, 지금 세계 각국의 중앙은행은 폴 볼커 전 연준 의장의 말처럼 한창 접시를 빼고 있다. 우리는 파티를 끝내고, 현실로 돌아가야 한다.

사랑한다. 아들아.

임금을 알아야
소득 구조가 보인다

한때 모든 밥벌이의 행위는 노동과 임금이었다. 물론 지금은 자본을 통한 밥벌이 등 다양한 경제 행위가 있다. 하지만 아직도 땀과 눈물, 그리고 피가 담긴 노동으로 벌어들이는 임금은 그 역할을 지속하고 있다.

임금이 중요한 이유는 가계소득의 중심이기 때문이다. 우리나라에는 임금을 받는 근로자가 2100만 명이 있다. 경제 주체인 가계에서 주류는 임금 근로자가 차지하고 있다. 당연히 임금과 관련된 지표가 경제의 바로미터다. 임금 인상은 대단히 중요한 경제지표다. 그래서 보통은 정부가 임금과 물가의 악순환을 방지하기 위해 바람직한 임금상승률을 민간 노동조합에 제시하는 정책을 펴기도 한다. 참고로 2022년 3/4분기에 월평균 가구당 소득은 487만 원이었다. 소득은 소득분위별로 구별하는데, 1분위부터 5분위까지 소득분위별 격차가 벌어진 것으로 나타났다.

임금지표는 고용과 임금이라는 두 가지 지표로 보아야 한다.

첫째, 고용 관련 지표다. 경제 활동 인구, 취업자 수, 실업률, 고용률과 관련이 있다. 이 네 가지는 통계청에서 고용 관련 경제지표로 발표한다. 둘째, 임금 관련 지표다. 시간당 명목 임금 증감률, 가구당 소득 증가율과 관련이 있다. 임금 관련 경제 지표는 시간제 근로자의 생계 유지를 위한 최저 임금과 최저 시급을 파악하면 된다. 통계청에서 가계 소득의 증감 현황을 임금 관련 지표로 발표한다.

고용 관련 지표에는 고용률이 있다. 고용률은 만 15세에서 64세에 해당하는 생산가능인구 중 취업자가 차지하는 비율을 의미한다. 2021년 기준 우리나라의 고용률은 여자 57.7%, 남자 75.2%, 전체 66.5%다. 한국노총 산하의 기업 조사 자료에 의하면 연간 평균 임금인상률은 2.9%라고 한다. 2022년 10월 소비자물가상승률은 5.7%다. 임금인상률은 2.9%인데, 소비자물가상승률은 5.7%

로 근로자의 명목 소득은 2.9% 상승했지만, 물가상승분을 감안한 실질소득은 -2.8%다. 물가 상승을 감안하면, 임금은 감소했다.

전년도 월 500만 원을 벌던 근로자라면, 올해는 14만 원이 줄어든 월급으로 생활하게 된다는 의미다. 임금인상이 물가상승률을 능가하지 못하는 경제 구조에서 임금 근로자의 생활은 팍팍할 수밖에 없다. 보통 임금이 낮아지는 시기에 기준 금리가 급격하게 올라가는 경우가 많다. 물가가 오르면 기준 금리를 올리게 되고, 경제가 위축되고 근로소득이 적어지는 고통이 일어난다. 그런데 여기에 빚이라도 있다면, 대출 이자의 고통이 가중된다.

고高금리는 근로자의 고통高痛이라고 한다. 근로자에게 삼중고를 안기기 때문이다. 첫째, 경기 침체로 인한 일자리의 불안이다. 현재 다니는 일자리가 언제 잘리게 될지 모르고, 임금인상은 기대하기 어렵다. 둘째, 부동산 자산 가치 하락으로 인한 보유 자산의 감소다. 절약하고 저축해서 마련한 내 집의 값이 떨어지게 마련이다. 즉, 재산의 감소는 경제적인 위기다. 셋째, 대출로 인한 빚의 고통이다. 만약 자산 중에서 부채 비율이 높다면 대출 이자 때문에 가장 잔인한 고통을 맛보게 된다.

가까운 나라 일본의 경우 임금 인상을 주장하는 사람들이 많

아들아, 돈 공부는 인생 공부였다

다. 경제 주체인 가계 소득의 대표 수단인 임금이 올라야 경제가 활성화된다고 보기 때문이다. 사람들은 실질적인 임금 인상이 있어야 돈을 쓴다. 돈을 써야 기업은 생산을 늘리고, 기업의 생산성이 증대되어 임금을 올려주는 선순환의 고리가 완성되기 때문에 임금부터 인상하자는 것이다. 일본이 30년 동안 장기침체였던 이유는 소비가 줄어든 것을 원인으로 보고 있다. 그 바탕엔 저임금이 자리 잡고 있다. 임금 인상으로 새로운 경제 활성화의 방향을 모색하고자 하는 일본의 전략이 성공할지는 미지수다.

아들아, 평생 직장이 아닌 평생 직업을 찾기를 바란다. 아버지는 평생 직장을 꿈꾸면서 살아왔다. 하지만 평생 직장은 없었다. 우리가 꿈꾸어야 했던 것은 평생 직업이었다. 아버지는 평생 직업인 작가로 살아가고 있다. 비록 큰돈이 안 되는 소득이라도, 고정적인 소득이 아니라도 괜찮다고 여기면서 살고 있다. 평생을 두고 자의적 판단으로 할 수 있는 직업이 생겼다는 것만으로도 아버지는 행복하다. 노년의 불안감이 조금은 해소되었다. 아버지 걱정은 말고 너의 평생 직업을 찾기를 바란다.

사랑한다. 아들아.

환율을 알아야
돈을 알 수 있다

원화는 세계의 돈이 아니다. 세계의 돈은 미국 달러다. 원화는 우리나라 영해를 벗어나면 돈이 아니라 종이다. 결국 원화를 달러로 바꾸어 사용해야 한다. 여기에 환율의 개념이 담겨 있다.

아들아, 환율 공부는 돈과 경제 공부의 토대다. 환율 공부는 생존 방식이 아닌 성장 방식으로 살아갈 수 있는 비법이다.

우선, 환율을 공부하는 데도 순서가 있다. 첫째, 사전적 의미를 파악하는 것이다. 둘째, 역사적 맥락을 이해하는 것이고, 셋째, 현시점의 환율 지표에 나타난 숫자의 의미를 이해하는 것이다. 마지막으로는 앞으로 환율이 어떻게 흘러갈지 예측할 수 있도록 공부해야 한다.

첫째, 환율의 사전적 의미다.

자기 나랏돈과 다른 나랏돈의 교환 비율. 이 비율 값은 외국환 시장에서 결정된다고 알려져 있다. 세상에는 원화, 엔화, 달러, 위안화 등 돈의 종류가 널려 있다. 나라의 숫자보다 돈의 종류가 더 많다. 그중에서 우리나라 돈은 원화다. 이 많은 돈 중에서 미국 달러는 돈 중의 돈이다. 흔히 기축통화라는 말로도 얘기한다.

석유나 밀가루를 사기 위해서 다른 나라에 가면 달러가 돈이 된다. 그래서 원화를 달러로 바꿔서 다른 나라에 가야 한다. 반대로 우리나라 반도체를 다른 나라에 팔면, 그 나라는 기업에게 수출대금을 달러로 지급한다. 수출을 통해서 달러를 받으면 그것을 원화로 바꾸고, 한국은행은 달러를 보유하게 된다.

둘째, 환율의 역사적 의미다.

환율의 역사는 한마디로 기축통화의 패권을 차지하기 위한 전쟁이라고 할 수 있다. 세계 열강은 자국의 돈을 세계의 돈으로 만들기 위한 경제적 전쟁을 하고 있다. 현대의 전쟁은 무기를 들고 싸우는 것이 아니라 돈을 들고 싸우는 것이다. 기축통화를 차지하려는 패권 전쟁이 환율이라는 이름으로 행해지고 있다.

먼저 기축통화가 무엇인지 의미가 중요하다. 기축통화는 국제 간의 결제나 금융거래의 기본이 되는 특정 통화를 이르는 말이다. 대표적으로 미국 달러가 이에 해당한다. 역사적으로, 1914년 이전에는 영국 파운드화가, 1918~1939년에는 영국 파운드화와 미국 달러가, 그리고 제2차 세계대전 이후인 1944년 이후부터는 미국 달러가 기축통화로서 역할을 하고 있다.

기축통화가 되기 위해서는 그에 맞는 역할을 할 수 있어야 한다. 가장 중요한 역할은 가치 저장의 기능이다. 가치 저장이 가능하기 위해서는 통화의 가치가 안정적이어야 한다. 결국 국제금융거래에서 대출과 예금이 주로 달러화에 의해 주도되고 있는 현상은 달러의 가치 저장 기능을 높이 인정하기 때문이다.

달러 인덱스의 의미와 역사도 살펴볼 필요가 있다. 달러 인덱스는 한마디로 미국 달러화의 가치 변동을 나타내는 지표다.

아들아, 돈 공부는 인생 공부였다

2010년대 달러 인덱스의 평균값은 95.0으로 유지됐는데, 2022년에는 110.4에 이르렀다. 달러 인덱스가 110.4라는 것은 그만큼 달러의 비중이 커졌다는 것을 의미한다.

셋째, 현시점의 환율 지표에 나타난 숫자적 의미다.

1달러는 100엔, 원화 1100원이라는 교환 비율이 적용되어 왔다. 그런데 연준이 2022년부터 달러의 금리를 올리면서 원 달러 환율이 1달러에 145엔 그리고 1373원이라는 교환 비율이 되었다. 이렇게 원화와 엔화는 통화가치가 떨어지고, 달러는 통화가치가 계속 높아지고 있다는 것을 환율 지표로 파악할 수 있다.

교환가치에서 원화와 엔화만을 비교하면 엔화가 원화보다 통화가치가 떨어졌다. 일본 중앙은행은 기준 금리를 동결했고, 한국은행은 금리를 올리면서 100엔 대 969원으로 교환 비율이 떨어진 것이다. 약 31원 정도 엔화의 통화가치가 떨어졌다. 이렇게 환율은 각 국가의 통화정책에 따라서 교환가치가 움직인다.

물론 가장 중요한 것은 원/달러 환율이다. 오늘 달러 인덱스는 109.3이다. 달러의 통화가치는 109.3으로 더욱 커질 가능성이 높다는 것을 알 수 있다. 다음 날도 원/달러 환율이 더 상승할 것으로 예측할 수 있다. 당분간은 환율 관련 기사가 경제신문의 주요 기사로 나올 것 같다. 그전에 환율에 대한 명확한 개념과 환율의 흐름을 파악해야 한다.

아들아, 환율이란 말 자체는 쉽지만 그 안에 담긴 뜻을 해석하는 데 깊이를 더해야 한다. 그저 '자기 나랏돈과 다른 나랏돈의 교환 비율'이라고 이해하는 것만으로는 안 된다. 왜 강달러 환율이 지속되는지, 그런 경제 현상이 무엇을 의미하는지 살필 줄 알아야 한다.

사랑한다. 아들아.

경제의 경착륙은
위험하다

계단을 내려가다가 헛다리를 짚었다. 계단을 다 내려왔다고 생각했는데 아니었다. 계단 하나가 더 있었다. 아버지는 결국 허공에 헛발질하다가 바닥에 다리를 접질려 쩔뚝거리며 걷고 있다.

계단을 내려가는 것이나, 비행기가 착륙하는 것이나 뭐든지 내려갈 때는 조심해야 한다. 경제는 더 말할 것도 없다. 그래서 거대한 것들이 내려갈 때는 경착륙hard landing이 아니라 연착륙soft landing이라고 말한다.

본래 경착륙은 항공기가 급격히 고도를 낮추면서 활주로에 진입하거나 착륙하는 기법이다. 반면에 연착륙은 비행기나 우주선이 기체에 무리가 가지 않도록 활주로에 서서히 착륙하는 기법이다. 두 단어는 항공 용어지만 보통 기업에서 마케팅 용어로 사용하기도 한다. 착륙landing을 출시launching로 개념을 바꿔서 사용한다. 흔히 하드 런칭과 소프트 런칭이라는 말로 쓴다.

마케팅에선 신제품을 출시할 때 이 방식을 사용한다. 먼저 소프트 런칭은 특정 제품이나 서비스를 정식으로 출시하는 것이 아닌 제한된 고객에게만 제공하는 것을 말한다. 보통 시차를 두고 제품을 출시하면서 고객들의 실질적인 이용 및 수용 형태에 관한 정보를 얻어 고객에게 접근하는 신제품 출시 방법이다.

반면에 하드 런칭은 신상품을 출시할 때 대대적인 프로모션과 함께 일시에 출시하는 방법이다. 그래서 보통 하드 런칭은 정식 출시로 불린다. 특수한 경우가 아니면 마케팅에서는 신제품 출시를 하드 런칭으로 한다. 일시에 프로모션에 집중해 시장에서 자리매김할 수 있기 때문이다.

이 용어는 경제 용어로 쓰일 때 마케팅에서 쓰이는 전략과는 반대로 쓰인다. 경제에선 경착륙보다 연착륙이 좋다. 즉, 경제에서는 뭐든지 서서히 하강하는 연착륙을 하거나, 서서히 상승하는 출발이 좋다. 급격하게 하락하는 경착륙과 갑자기 날아가는 급발

진은 위험하다. 경제에서 경착륙은 경기가 갑자기 냉각되면서 주가가 폭락하고 실업자가 급증하는 현상을 말한다. 이러한 의미 때문에 경착륙은 경기 동향의 급격한 변동을 일컫는 용어로 쓰인다. 이에 비해 연착륙은 경기가 서서히 안정기에 접어드는 현상을 말한다. 경기의 변동성이 크면 그만큼 경제 주체들이 예상치 못한 위험에 노출될 가능성이 커지기 때문에 안정적이고 지속적인 경제활동을 방해하는 요인으로 작용할 수 있다. 이러한 이유로 경기의 변동 폭과 속도를 최대한 자연스럽고 부드럽게 관리하는 경제정책이 중요해진다.

아들아, 요즘 부동산시장에서 집값의 경착륙을 우려하는 목소리가 많다. 부동산시장에서 경착륙이 무서운 이유는 자산의 특징에서 기인한다. 비행기는 프로펠러라는 추진 장치로 가는 경비행기와 여러 개의 엔진으로 가는 항공기로 구별된다.

주식과 채권 등의 동산은 경비행기라고 볼 수 있다. 반면에 부동산인 아파트와 빌딩은 항공기라고 볼 수 있다. 결국 경비행기인 동산은 이착륙에서 위험도가 높지 않지만, 항공기인 부동산은 이착륙의 위험도가 높다. 그래서 부동산 자산은 가격이 떨어질 때 반드시 연착륙을 해야 한다. 대부분의 비행기 사고가 이착륙에서 벌어지듯이, 부동산도 상승과 하락 시기에 대형 사고가 난다. 부동산 사고는 그 자체만으로도 대형 사고인데, 다른 경제에도 파장을 미쳐 연쇄적으로 대형참사가 일어나기 때문에 위험하다.

보통 부동산시장의 경착륙 시그널은 미분양이다. 미분양은 부동산시장 폭락의 전조라고 보면 된다. 미분양은 집값 폭락이 아니라 건설산업의 부도로 연결되고, 건설산업의 부도는 제2금융권의 부도와 연결된다. 우리나라 주택시장은 프로젝트파이낸싱 자금으로 대단위 부동산 개발이 이루어지고 있기 때문이다.

우리나라 가계의 비금융자산의 구성비는 64.4%(2022년 통계청 자료 참조)라고 한다. 비금융자산의 대부분은 부동산 자산이다. 갑자기 부동산시장이 1년 만에 30% 폭락하면, 무슨 일이 벌어질까? 10억 원의 자산을 갖고 있던 사람이, 1년 만에 8억 원의 자산을 가진 사람이 된다면 소비보다는 절약할 것이고, 결국 경기침체가 일어나게 될 것이다. 고금리의 경기 침체는 대량 실업을 발생시키고, 가계 소득이 줄어들게 한다. 결국 경제의 악순환이 시작될 것이다. 이미 2019년에서 2020년까지 부동산 가격이 급발진하면서 부동산시장의 혼란이 경제에 충격을 주었다. 늦지 않게 부동산시장의 경착륙을 위한 대책들이 나와야 한다.

아들아, 서서히라는 말은 경제에서 꼭 필요한 말이다. 아버지도 나이를 먹었는지 접질렸던 발이 낫질 않는다. 아버지는 일상에서도 매사에 서서히 움직이려고 한다.

서서히 그러나 꾸준하게.

사랑한다. 아들아.

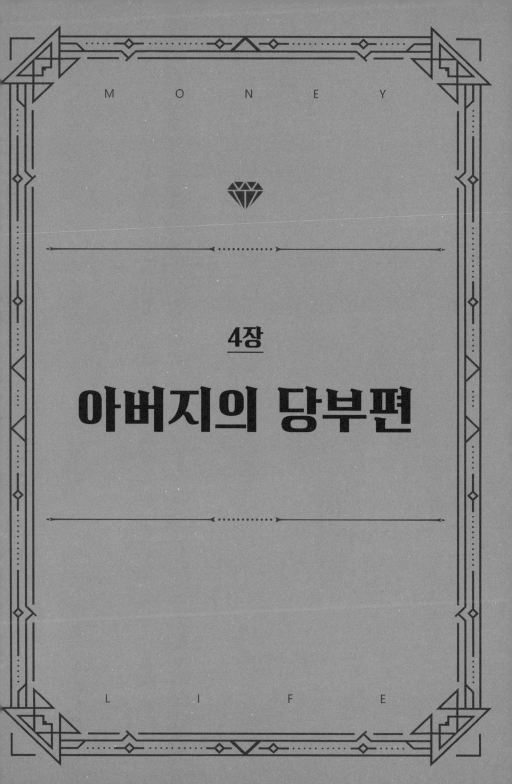

M O N E Y

4장

아버지의 당부편

L I F E

인간의 몸은
거짓을 말하지 않는다

아들아, 지금까지 돈 공부가 인생 공부였다는 사실을 너희가 이해할 수 있게 풀어주었다. 되도록 쉽게 설명하려고 노력했는데, 경제 관련 장에서는 어쩔 수 없이 이론이 포함될 수밖에 없었다. 지금부터는 너희가 행복한 삶을 살아갈 수 있도록 당부를 몇 가지 하려고 한다.

아버지의 나이는 지금 쉰넷이다. 쉰넷이라고 하니, 음식이 상해서 나는 '쉰내'라는 발음과 유사해서 쉰내가 풀풀 나는 나이처럼 느껴지는구나. 그래 맞다. 어쩌면 오십은 쉰내가 나기 시작하는 나이일 수 있다. 사람이 살짝 맛이 가기 시작하는 나이다. 그래서 오십은 '슬픔을 등에 지는 나이'라 하는 것이다. 오십이 넘으면 왜 슬픔을 등에 지고 간다고 하는지 그 의미와 슬픔의 정체가 무엇인지 이야기해주려고 한다. 좀 더 쉽게 현실적인 비유로 말하겠다.

먼저 나이 오십의 의미에 관한 이야기다. 왜 슬픔을 지고 가느냐? 이 의문에는 '나이 오십에는 크레바스가 있기 때문이다'라고 말해주고 싶다. 오십이 넘으면 우리 삶의 곳곳에는 크레바스가 출연한다. 그때부터 크레바스에 빠질 확률이 매우 높다는 말이다. 오십 이후에 크레바스와 마주칠 확률이 높은 이유를 고도의 산을 등반하는 일에 비유해서 설명하면 이해가 쉽다.

보통 인생은 8000m 이상의 높은 산을 등반하는 여정과 유사하다. 세계에 있는 8000m 이상의 산봉우리를 일컬어 14좌라고 한다. 14좌 봉우리 10좌는 히말라야산맥에 그리고 나머지 4좌는 카라코람산맥에 있다. 아버지는 그중에서 인생과 가장 닮은 산봉우리는 '안나푸르나'라고 생각한다. 안나푸르나가 가진 위험성이 인생에서 만나는 위험과 유사하기 때문이다.

안나푸르나는 등반했던 사람이 100명이면 38명이 사망할 정도다. 세계에서 가장 위험한 산봉우리인 안나푸르나처럼 인생에는 위험이 곳곳에 있다. 안나푸르나 인근에 사는 사람들은 해발고도 5000m 이상만 산이라고 부르고, 그 이하는 언덕이라고 부른다. 이 말은 5000m부터 비로소 위험이 많다는 말이다. 곳곳에 크레바스가 널려 있기에 발을 디딜 때마다 조심해야 한다. 안나푸르나의 5000m 지점이 인생으로 말하면 나이 오십이다. 등반의 위험이 산재하듯이 인생도 오십부터는 위험이 널려 있다. 그래서 인생의 슬픔을 지고 가는 나이, 오십이라고 말하는 것이다.

아들아, 지금부터는 나이 오십에 나타나는 크레바스에는 무엇이 있는지 살펴보겠다. 그 전에 너희에게 질문을 한 가지 던진다. 지금 너희는 미래가 안정적이라고 생각하느냐, 아니면 불안정하다고 생각하느냐? 이 질문은 20대 청춘에게 어울리는 질문은 아니고, 오십에 필요한 의문이다. 나이 오십에는 스스로 이 질문을 꼭 해야 한다. 아버지는 스스로에게 질문했고 네 가지 크레바스를 찾을 수 있었다.

아버지가 생각하는 인생의 크레바스에는 육체적 크레바스인 질병과 인간관계의 크레바스인 고독이 있다. 돈의 크레바스에는 소득이 나이 오십에 끊겨버리는 퇴직이 있다. 경제의 크레바스에는 경제적 무지에 의해서 일어나는 가난이 있다.

그중에 인생의 크레바스 두 가지를 먼저 설명한다. 보통 육체적 크레바스의 모습은 병으로 나타난다. 오십이 넘으면 체력이 급격하게 떨어지면서 질병에 걸리기 시작한다. 아버지도 이미 눈의 노화가 시작됐고, 지금 귀에서는 '윙' 하는 이명이 들린다. 또한 잇몸이 부실해서 윗니가 흔들린다. 치과에 가면 빨리 임플란트를 하라고 한다. 혈압을 체크하면 고혈압 위험 구간의 혈압이 나온다. 조금 지나면 고혈압 약을 먹어야 할지도 모른다. 당뇨도 체크해야 하고, 몸의 구석구석이 고장이 나기 일보직전인 '걸어 다니는 종합병원'이다. 심지어 엄마처럼 암이 발생하기도 한다.

이렇게 되지 않으려면, 이 말을 꼭 지켜야 한다. '건강은 건강할 때 지켜야 한다'. 이 말을 너무 자주 들어서 잔소리로 여길 텐데 그래서는 안 된다. 건강을 잃고 나서 다시 찾으려면 더욱 가혹한 대가를 치르게 된다. 특히 오십 이후에는 회복탄력성이 급격하게 떨어져서 한번 건강을 잃어버리면 회복하기가 힘들다.

우리나라 사람들은 몸을 중시하지 않는 경향이 있다. 보통 우리나라는 교육의 목표를 지덕체智德體 순서로 삼는 경향이 있는데, 교육의 목표는 체덕지體德智가 되어야 한다. 먼저 체력이 튼튼해서 건강한 몸을 유지해야 마음도 건강해지고 지식도 깊어진다.

먼저 힘은 근력에서 나온다. 힘이 어떻게 작동되는지는 단거리

달리기 선수의 허벅지를 보면 알 수 있다. 보통 100m 단거리 선수들의 허벅지는 일반인의 두 배나 된다. 순간적인 힘을 발휘하는 데 큰 근력을 사용하기 때문이다. 이런 큰 근력을 키우기 위해선, 무거운 것을 밀어내는 근력 강화 운동을 해야 한다. 큰 근력은 무게의 한계를 극복하는 과정에서 만들어진다.

다음은 지구력이다. 지구력의 작동 원리는 마라톤 선수의 허벅지를 보면 알 수 있다. 마라톤 선수의 허벅지는 작은 근육이 촘촘하게 짜여 있다. 그들의 허벅지는 얇지만 단단하다. 42.195km를 계속해서 뛸 수 있는 지구력은 작은 근육이 만드는 거다. 이런 작은 근육은 매일 꾸준하게 장거리를 달리며 거리의 한계를 극복하는 과정에서 만들어진다.

다음은 기술이다. 몸으로 할 수 있는 기술이 쌓여가는 작동 원리는 단순하다. 몸이 기억할 때까지 반복하는 것이다. 기술의 작동 원리를 잘 보여주는 사례는 발이다. 축구선수 박지성의 발이나, 세계적인 발레리나 강수진의 발을 보면 기술이 어떤 과정을 거쳐서 위대해지는지 알 수 있다. 박지성 선수가 축구장에서 멋진 축구 실력을 보여줄 수 있는 기술과 발레리나 강수진이 공연에서 우아한 백조를 발레로 표현할 수 있는 기술은 모두 반복 연습을 통해서 나온다. 같은 동작을 몇 만 번 반복하며 한계를 극복하는 과정에서 기술이 만들어진다.

마지막은 투지다. 투지는 마음의 절박함에서 나온다. 투지를 보여주는 대표적인 사례는 영화 〈밀리언 달러 베이비〉의 여자 복싱 선수 매기의 모습이다. 그의 모습은 투지 그 자체였다.

"서른 두 살이 늦었다면 전 아무것도 할 수 없어요."

매기는 복싱 코치 프랭키에게 복싱에 대한 투지를 이 말로 전달하고 자신의 코치가 되어달라고 부탁한다.

"자신만 볼 수 있는 꿈 때문에 모든 걸 거는 거야."

프랭키는 결국 매기를 받아들이게 된다. 이렇게 이루고자 하는 꿈에 대한 열망이 있어야만 투지가 생긴다. 중도에 꺾이지 않는 의지는 어쩌면 절대로 쓰러지지 않겠다는 절박함에서 나온다. 투지는 포기의 한계를 극복하는 과정에서 만들어진다.

힘과 지구력, 그리고 기술과 투자가 갖추어진 체력이 있다면, 육체적 크레바스인 질병을 이겨낼 수 있다. 오십이 넘어도 질병이라는 크레바스에 빠지지 않는다.

마지막으로 〈피지컬 100〉이라는 방송 인트로에 나왔던 대사를 전한다.

"인간의 몸은 거짓을 말하지 않는다. 스스로 쓴 고통의 기록이자, 결과물이기 때문이다."

아들아, 몸으로 쓰고 몸으로 결과물을 만들어라.

사랑한다. 아들아.

나이 오십 이전에
근로자의 삶에서 벗어나야 한다

우리나라 주종 직업의 퇴직자 평균 연령은 49.3세다. 오십 이전까지 노후에도 소득을 벌 수 있는 부수 직업을 구해야 한다. 그런데 주종 직업과 비교해서 부수 직업의 임금은 절반에도 못 미친다. 그래서 주종 직업에서 퇴출되는 퇴직은 사회적 크레바스다.

아들아, 지금부터는 사회적 크레바스인 퇴직에서 벗어나는 방법을 말해주고 싶다. 서민은 직업을 가지고 노동의 대가로 임금을 받는 직원으로 사회생활을 시작한다. 우리나라 전체 인구 수는 5155만 8034명이고, 그중에서 일을 할 수 있는 15~64세의 인구는 3637만 2000명이다. 2023년 2월 기준 임금근로자 수는 1901만 4000명이다. 통계로 보면, 노동 가능 연령의 인구 중 절반이 넘는 사람이 근로소득자로 살아간다는 것을 알 수 있다. 근로소득자의 삶은 우리 사회의 가장 일반적인 모습이다.

그런데 가장 일반적인 삶 속에는 크레바스가 숨어 있다. 자칫 근로자의 삶에 만족하면서 살아가다가는 크레바스에 빠질 수 있다. 아버지가 '직원으로 시작하라, 그러나 직원으로 살지 마라'고 강조하는 이유가 여기에 있다.

아들아, 인생의 생애주기에 따라 그에 맞는 경제구조를 갖추어야 한다. 생애주기와 경제적 단계가 잘 맞아야 하는데 0세부터 25세는 경제적 아동기로, 이때는 돈을 쓰는 법을 터득해야 한다. 이 시기를 놓치면 돈의 쓰임을 배우기 어렵다.

25세부터 45세는 경제적 청년기로 이때는 근로소득으로 돈을 버는 법을 터득해야 한다. 땀과 눈물을 담긴 돈의 진정한 의미를 배우는 시기다. 직장은 돈을 받고 다니는 학교다. 여기서 돈의 의미를 배워야지 이 시기를 놓치면 배울 수가 없다.

45세부터 65세는 경제적 장년기다. 돈의 쓰임과 의미를 배운 것을 토대로 재화와 서비스를 생산하는 사업을 시작하는 시기다. 거대한 이윤을 창출하기에 가장 최적의 시기다. 이때가 가슴과 머

아들아, 돈 공부는 인생 공부였다

리, 몸이 가장 조화로운 시기다.

65세 이후에는 경제적 노년기다. 돈의 구속에서 벗어나 비로소 진정한 삶의 의미를 체험하는 시기다. 이때 돈의 구속에서 벗어나지 못하면, 경제적 압박의 무게가 삶을 짓누르게 된다. 말그대로 인생의 크레바스라는 깊고 깊은 나락 속으로 떨어진다.

아들아, 당부한다. 네가 퇴직이라는 사회적 크레바스에 빠지지 않기 위해선, 반드시 오십 이전에 '근로자의 삶'에서 벗어나야 한다. 명심해야 한다.

오십에 이르면 고독이라는 크레바스가 마음에 싹트는데 대부분 인간관계 속에서 발생한다. 오십은 거대한 군중들 한가운데 혼자만 동떨어져버린 것 같은 감정을 느끼게 된다. 고독의 크레바스에서 벗어나려면 인간관계의 작동원리를 알고 있어야 한다. 네 가지의 인간관계 작동원리가 무엇인지 알아야 한다. 그 원리 속에서 고독의 크레바스를 벗어나는 방법을 찾을 수 있다. 첫째는 권력, 둘째는 재력, 셋째는 유머, 넷째는 인간성으로, 이 네 가지가 인간관계를 유지하게 돕기도 하고 때로는 악화시키기도 한다.

첫째, 권력이다.

대부분 사람은 권력이라는 힘에 굴복한다. 권력이 인간관계에 작동하는 힘의 한 축으로 작동한다. "정승 집 개가 죽으면 문지방이 닳아 없어지도록 문상객들이 문전성시를 이루지만 정승이 죽으면 개미 한 마리 얼씬하지 않는다"라는 속담이 있다. 인간관계가 권력에 좌지우지되는 세태를 적나라하게 보여준다. 인정하기 싫지만 인정할 수밖에 없는 사실이다. 권력이 사라지는 순간 고독 속에 빠질 수 있다.

둘째, 재력이다.

나이를 먹으면 입은 닫고 주머니를 열라는 말이 있다. 재력이 인간관계에 미치는 영향력을 적나라하게 보여주는 말이다. 나이 오십에도 주머니를 닫고 입만 여는 사람이 있다면, 주변 사람들이 다 떠나서 혼자만의 고독 속에 살아갈 것이다.

아들아, 오십 이전에 주머니를 열 수 있는 재력을 갖추어야 한다. 우리나라 속담에 곳간에서 인심 난다는 말이 있다. 이 말은 내 곳간이 가득해야, 다른 사람에게 베풀 수 있는 인심이 나는 법이라는 뜻이다. 하지만 아버지 생각은 다르다. 내 곳간이 가득해야 다른 사람의 인심을 얻을 수 있다는 말로 써야 한다고 본다. 고독이라는 인간관계의 크레바스에서 벗어나려면, 우선 내 곳간부터 가득 채워야 한다.

셋째, 유머다.

유머만큼 인간관계에서 힘을 발휘하는 것도 없다. 아들아, 너는 아버지에게 나이 먹고, 꼰대가 되지 않으려면 유머감각이 있어야 한다고 말했다. 아무리 좋은 뜻이 담긴 말이라도, 부드러운 어법의 말이라도, 편안한 분위기의 말이라도 재미가 없으면, 꼰대의 충고, 꼰대의 잔소리, 꼰대의 독설이 되는 법이다. 언젠가 네가 이런 말을 했다.

"다 좋은데 노잼(재미없음)이면 무조건 꼰대야."

아버지도 요즘 유머감각을 키우려고 무지 노력한다. 물론 쉽게 키워지는 덕목이 아니다. 때로는 권력과 재력을 능가하는 인간관계의 힘이 유머에서 나오는 것 같다. 명심하길 바란다.

넷째, 인간성이다.

인간관계의 작동원리 중 가장 강력한 힘은 인간성이다. 인간성이란 사람이 가진 이성과 감성, 물질과 정신이 하나로 합해져 상대를 대할 때 늘 존중하는 마음을 말한다. 아버지의 이름은 착할 선善에 얼굴 용容이다. 선한 얼굴로 살아가라는 뜻으로 할아버지가 지어주셨다. 바로 '선용'이라는 말에 담긴 삶의 자세가 인간성이다. 인간성을 가진 사람만이 인간관계의 크레바스인 고독에서 벗어날 수 있다. 다른 사람을 존중하는 것은 그 사람이 권력자거나, 부자거나, 재미있는 사람이라서 아니라, 그냥 사람이기 때문에 존중해야 한다. 인간성에 바탕을 두고 다른 사람을 대하면, 네 옆에는 마음을 교감하는 많은 사람이 남을 것이다.

권력과 재력, 그리고 유머와 인간성을 가지고 있더라도, 오십이 넘어가기 시작하면 인간관계의 방식을 바꿀 필요가 있다. 아들아, 오십부터의 인간관계는 '넓고 얇게' 보다는 '좁고 깊게' 관계를 맺는 방식으로 바꾸길 바란다.

자본주의 속에서 살아갈 너희의 미래는 어둡다. 크레바스라는 무거운 등짐을 지고 살아갈 수밖에 없다. 그러나 무거운 등짐이 그저 짐만은 아니었다. 아버지는 가난이라는 경제적 등짐 덕분에 25년의 고단한 직장생활을 견딜 수 있었다. 고단한 아침에도 꾸역꾸역 기어서라도 출근했다. 가난이라는 등짐이 아버지를 깨우는 채찍이었다. 퇴직이라는 시간의 등짐 덕분에 매일 글쓰기의 지겨움도 이겨낼 수 있었다. 매일 한 줄의 글이라도 적었기에 아버지는 작가가 될 수 있었다. 퇴직이라는 등짐이 아버지를 끌어올리는 지렛대였다.

아버지는 질병이라는 등짐 덕분에, 시간의 소중함을 알고 살아갈 수 있었다. 지금도 새벽 5시면 박차고 일어나 산책하러 나갈 수 있다. 질병은 시간을 소중하게 일깨우는 망치였다. 아버지는 가족이라는 등짐 덕분에 마음의 무게에 중심을 잡고, 세찬 바람에도 흔들리지 않고 나아갈 수 있었다. 가장이라는 무게는 균형을 잡아주는 중심추였다.

아들아, 아버지에게 오십에 만난 크레바스라는 인생의 등짐은 가혹한 형벌이 아니라 삶의 중심을 바로잡아준 선물이다. 너의 인생에도 가난과 퇴직, 그리고 질병과 가족이 등짐이 아니라 선물이 되기를 바란다.

사랑한다. 아들아.

인생은 때론 기괴하고,
때론 기묘하다

아들아, 인생의 모습은 기괴하거나 기묘하단다. 그 기괴함이 너를 괴롭히고 있다.

너는 지금 그렇게 꿈꾸던 도시공학과를 다니고 있다. 비록 네가 꿈꾸던 학과이긴 하지만, 막상 공부를 시작하면서 '도대체 어디까지 가야 끝이 나는 거야. 가도 가도 끝이 없네' 그렇게 말했다. 너는 젊음의 기묘한 어둠의 터널에서 절망했다. 도대체 혼자서 언제까지 걸어가야 끝이 나는지 궁금하다고 말했다.

아버지는 지금 나이 오십이 넘었는데, 또다시 그 터널 안으로 들어섰다.

아들아, 스무 살이라는 청춘은 기괴한 물성을 가지고 있다. 한 마디로 말하면 반쯤 미친 시간이다. 감정 변화가 급격하게 왔다 갔다 한다. 스무 살은 시인 이상의 말처럼 '박제되어 버린 천재'였다가, 어느 순간에는 이외수 작가의 책 제목처럼 '꿈꾸는 식물'이 되기도 한다. 가슴에는 태평양이라도 건너갈 이상을 품고 있지만, 현실에서는 동네의 작은 도랑에서 허우적거린다. 그것이 청춘이다.

스물, 그때의 아버지도 그러했다. 작은 도랑에서 허우적거렸다. 대한민국 스무 살 청년이 오갈 데 없을 때 도피하는 곳 군대, 그곳에 가려고 영장을 기다리는 한심한 청춘이었다. 대한민국에서 살아가는 사람 대부분은 젊은 날의 중압과 자책, 그리고 자괴와 열등을 안고 살아가고 있다. 특히 20대 초반이 미래의 모든 인생을 좌우한다는 생각에 불안에 떨면서 살아간다. 청춘은 그 두려움과 불안이 온몸으로 다가오는 시기다. 이 사회는 공정한 경쟁 구조인데, 본인의 능력과 노력이 부족해서 도태될 수 있다는 불안과 열등, 그 생각 때문에 순간 극도로 비참한 마음마저 든다.

아들아, 아버지는 너에게 바란다. 이 사회에서 부여한 삶의 틀에서 과감하게 벗어나 너만의 방식으로 삶을 살아가길 바란다. 너만의 명확한 삶의 논리로 무장하거나, 아니면 주어진 조건에 만족하면서 세상에 무관심하게 살아가거나, 둘 중 하나를 선택해라. 그러면 최소한 통곡은 하지 않는다. 아버지는 네가 스스로 자책하면서 처참한 심정에 빠져들지 않기를 바란다. 일단 편안하게 자신을 내려놓아라. 그러면 다시 부딪치려는 의지가 생길 것이다.

어차피 젊음은 기괴하다. 그 기괴함을 받아들여야만 자신만의 삶을 찾을 수 있다. 아버지도 그랬다.

아버지는 사람들에게 젊은 시절의 기괴함을 빨리 겪어서 인생의 굴레에서 벗어나라고 했다. 나이가 들어갈수록 기괴함보다 기묘함의 굴레가 무거워지기 때문이다. 주변을 보면, 나이 오십이 넘어갈수록 삶의 명암이 더욱 명확해진다. 안타깝지만 이것이 현실이다. 인생의 굴레에선 나이가 들수록 더 빈약해지거나, 더 풍요로워지거나 둘 중 하나다. 인생을 둘러싼 모든 조건의 양극화가 극심해진다. 그만큼 늙음의 시간은 기묘하게 흘러간다.

2021년 부자보고서에서 대한민국 상위 1% 부자 대부분인 83%가 50대 이상이고, 그중 78.2%가 부동산 자산을 갖고 있다는 데이터를 보았다. 우리 주변을 돌아보면 생각보다 50대에 노후 준비가 안 돼서 힘들어하시는 분들이 많다. 그 이유를 파레토의 법칙으로 설명할 수 있다. 이탈리아의 경제학자 빌프레도 파레토Vilfredo Federico Damaso Pareto가 발표한 소득 분포의 불평등도不平

等度에 관한 법칙이다. 파레토의 법칙은 "이탈리아 인구의 20%가 이탈리아 전체 부의 80%를 가지고 있다"고 주장한다. 그런데 여기에 한 번 더 파레토의 법칙을 적용하면 더 무서운 결과가 나온다. 20% 부자 중 상위 4%의 부자가 있다. 그 상위 4%가 80%의 부 중 80%에 해당하는 64%의 부를 가지게 된다. 상위 4%의 부자가 전체 부의 64%를 가진다. 여기에 파레토의 법칙을 한 번 더 적용한다. 그러면 4%의 20%는 0.8%다. 0.8%의 사람들이 64%의 80%인 51.2%의 부를 가진다는 결과가 나온다. 이렇게 파레토의 법칙을 두 번 적용하면, 상위 0.8% 해당하는 부자가 전체 부의 51.2%를 가지고 있다는 법칙이 만들어진다. 바로 '부의 불균형의 법칙'이다. 상위 1%가 전체 부의 50%를 가지는 부의 불균형이 발생한다.

인생이 무서운 것은 50대 이후엔 부의 불균형의 법칙이 정확하게 적용된다는 사실이다. 50대는 자본소득에서 골드크로스가 일어나고, 근로소득에선 데드크로스가 일어나는 시기이기 때문이다. 그 변곡점이 바로 나이 오십이다. 그래서 오십 이전에 근로소득을 자본소득으로 전환해야 한다. 돈과 경제, 그리고 인생의 기묘함에 빠지지 않기 위함이다.

아버지는 요즘 주변의 또래들에게 노년을 어떻게 준비하느냐고 질문을 받고 있다. 그들은 '기껏 가진 자산은 달랑 집 한 채인 데 은퇴 후 앞으로 살아갈 생각을 하면 눈앞이 깜깜하다'고 하소 연한다. 오십 이후 삶이 직면하는 네 가지 죽음과 기묘한 현실 때 문이다. 첫째, 경제적 죽음인 빈곤이다. 둘째, 인간관계의 죽음인 고독이다. 셋째, 사회적 죽음인 실직이다. 넷째, 육체적 죽음인 질 병이다. 이 네 가지 죽음은 늙음이 겪는 기묘함이다.

물론 네가 살아갈 세상과 아버지가 살아가는 세상에는 명백한 차이점이 있다. 아버지가 배고픔의 세대 끝자락으로서 과거라면, 너는 배 아픔의 세대의 시작점인 미래다. 아버지의 배고픔은 욕구 의 영역이었다. 배고픔의 욕구만 해소되면 만족하는 삶이었다. 단 순하게 소득만 있다면 해소할 수 있었다. 반면 너의 배 아픔은 욕 망의 영역이다. 욕망은 단순하게 해소되는 것이 아니다. 특히 고 소득으로 해소되는 것이 아니다. 배 아픔의 욕망은 소비와 관련이 깊다. 소비를 통제하는 능력이 있어야만 그 욕망을 뛰어넘을 수 있다. 그래서 우선 배 아픔을 넘어서는 소비의 통제 능력을 키우 라고 말하고 싶다. 너의 욕망을 통제해야만, 너는 자본주의 세상 에서 너만의 행복을 찾아갈 수 있게 된다.

마지막으로 한 가지 덧붙이면, 돈과 경제 공부가 아버지에게 인생 공부였다는 사실을 글로써 강조하는 이유다. 부자들은 자기 자식에게만큼은 부자 공부를 꼭 시키기 때문이다. 너희에게도 아버지만의 돈과 경제, 그리고 인생의 법칙을 전해주고 싶었다.

인생은 8000미터가 넘는 안나푸르나 같은 높은 봉우리를 등반하는 것과 같다. 네가 인생이라는 안나푸르나 봉우리를 등산할 때 아버지는 네 인생의 셰르파가 되어주고 싶다. 안나푸르나 봉우리를 오르고 내려오는 그 길목에 숨어 있는 무수한 크레바스에 빠지지 않길, 빠진다고 하더라도 그 굴레를 이기고 나아가길 바란다.

아버지는 너를 믿는다.

사랑한다. 아들아.

너의 영원한 셰르파

아버지가

엄마는 담쟁이처럼
살고 있다

엄마야, 이런 편지 뜬금없지. 아빠가 너희에게 편지 쓰는 걸 보면서 한번쯤은 편지로 엄마의 마음을 전하고 싶었다. 엄마는 너희에게 쓰는 편지가 처음이라 무척 쑥스럽다.

미안하다.

암은 고약한데, 그 투병이 더욱 고약하다. 엄마는 투병하면서 스스로 허약한 사람이구나, 느끼고 있다. 엄마의 약한 뒷모습이 그대로 보여 슬프다.

엄마는 암 진단 이전까지는 스스로 강한 사람이라고 여기고 살아왔다. 순조로운 인생이었다. 그때까지 죽음을 단 한 번도 생각한 적이 없었다. 운이 좋았다. 오십 년의 인생에서 특별한 풍파 없이 보낸 것은 축복이었다. 그러나 암 진단 이후 모든 것이 변했다. 항암 치료를 받으면서 겉으로 담담한 척했지만 속으로는 벌벌 떨고 있었다. 암이 가지고 올 불행이 두려웠다. 이런 엄마의 모습 때문에 집안 분위기가 어두워졌다.

미안하다.

이 네 글자를 편지에 계속 적는 것이 싫지만, 자꾸 미안한 마음이 먼저 든다. 내가 건강한 몸으로 너희를 보살피면서 곁에 있어야 하는데, 그러지 못하고 너희에게 어두운 짐을 안기고 있다. 다만 한 가지는 알아주길 바란다. 엄마는 조금씩 몸을 추스르고 있다. 벗어나려고 노력하고 있다. 요즘은 빨리 건강이 회복할 수 있다는 자신감도 생겼다.

일과를 바꾸면서 생긴 자신감이다. 엄마는 아침 6시에 일어난다. 그리고 6시 30분부터는 서울 둘레길 중 하나인 일자산 코스를 등산하고 있다. 처음엔 몸을 회복하려고 시작한 운동이었는데, 지금은 마음을 더 건강하게 한다. 엄마는 산을 오르고 내리는 등산을 하면서 수많은 생각을 한다. 살아왔던 오십여 년의 시간을 되새기고 있다. 그 생각을 너희에게도 들려주고 싶다.

사실 둘레길 등산 과정은 별거 없다. 아파트에서 나와 명일이 마트까지 큰길을 따라 걷는다. 이마트 사거리 신호등을 지나자마자, 서울 둘레길 진입로의 계단을 오르면서 경사가 시작된다. 이 둘레길 코스는 입구에 약 60도의 경사면이 있다. 병약한 엄마는 코스 입구에 서면 경사가 가팔라 바라보는 것만으로도 숨이 턱 막힌다. 시작점의 난도가 높다.

산의 3분의 2 이상쯤 올라갔을 때는 숨이 목 끝까지 차올라 헉헉거린다. 그때 마스크를 내려 숨을 잠깐 고른다. 정상적인 사람에게는 아무것도 아니지만 아픈 엄마에게는 힘든 코스다. 하지만 일부러 이 코스를 선택한 이유가 있다. 오르막길에서 숨이 벅찬 그 순간에 비로소 진정한 엄마를 보기 때문이다. 등산을 나온 사람들 속에 당당한 정상인으로 걷고 있는 엄마의 모습이 좋다.

감사합니다.

순간 이 말이 입에서 새어 나왔다. 두 발로 걸어 다닐 수 있다는 사실만으로도 감사하고 있다. 지친 마음을 뚫고 터져 나오는 깊고 따뜻한 울림이었다. 뭉클한 감동이었다.

등산은 단순한 일이다. 그저 오르막과 내리막 번갈아 가면서 앞으로 나아가는 과정이다. 하루의 일과처럼 반복하는 일이 바로 등산이다. 특별한 것이 없는 것이 등산이 나의 지친 마음에 울림을 만들었다.

엄마는 내리막보다 오르막이 더 좋다. 오르막은 힘들게 한 발 한 발 내디뎌 올라가야 하지만, 그 한 발 한 발이 나아가는 과정에서 한계를 극복하는 희열을 맛보기 때문이다. 한계를 이겨나가는 진면목은 오르막에서 보인다. 이 모습이 엄마의 참모습이라고 믿고 싶다. 물론 내리막길이 편안하다. 그러나 내리막길에는 제어할 수 없는 추락이 있다. 그래서 사고는 대부분은 내리막에서 일어난다. 인생도 내리막을 조심해야 한다.

암이라는 병은 인생의 내리막을 알려주었다. 그래서 오르막의 소중함을 다시 되새길 수 있었다. 엄마는 20대, 30대, 40대에 올라왔던 그 오르막이 기억난다. 그 당시에는 그 소중함을 몰랐다. 오히려 내리막에서 깨닫게 되었다.

한 발 한 발 나아가라.

누구나 인생의 오르막길을 만난다. 그때 중요한 건 견디면서 나아가는 거다. 엄마는 그 오르막을 만나는 순간에 두 가지 얘기를 해주고 싶다.

첫째, 오르막길이라는 사실을 인지해야 한다. 오르막길이라는 것을 인지하는 순간 버틸 수 있는 각오를 새길 수 있다. 비로소 의지가 솟아난다. 둘째, 오르막길 앞에 섰을 때는 우선 한발을 내디뎌야 한다. 오르막이 아무리 견고하고 높아도 움츠리거나 피하지 마라. 모든 오르막길은 그저 한 발 한 발 내디뎌 나아가면 다 이겨 나갈 수 있다.

절대 머뭇거리지 말고 한 발 한 발 나아가라. 물론 너희 앞에 놓인 인생 또한 절대 평탄하지만은 않을 것이다. 아마 너희의 서른에도, 마흔에도, 쉰에도 오르막은 분명히 있을 거다. 그 순간마다 절대 머뭇거리지 말고 올라서길 바란다. 이것이 엄마의 소망이며, 기도다.

엄마도 너희에게 부끄럽지 않게 살아갈 것을 약속한다. 몸과 마음의 건강을 회복할 거라는 걸 약속한다. 몸과 마음이 건강한 엄마. 이것이 첫 번째 엄마의 약속이다.

둘째, 어른으로 살아간다는 약속이다. 엄마는 아이의 마음을 가진 어른으로 살아왔다. 엄마가 생각하는 어른이란 삶의 주도권을 가진 사람이다. 누군가의 선택으로 아니면 환경에 의한 어쩔 수 없이 선택된 삶을 살아가는 것은 어른의 삶이 아니다. 스스로 삶을 선택하고, 그 선택을 책임지면서 살아가는 것이 진정한 어른의 삶이다. 엄마는 앞으로 어른으로 살아갈 것을 약속한다.

셋째, 언제든지 온전히 너희 편이 될 거라는 약속이다. 이런 말이 있다. 세상살이가 아무리 힘들고 지쳐도 온전히 내 편만 있어도 살아지는 게 인생이다. 엄마는 너희가 어떤 일이 있더라도 온전히 너희 편을 해줄 테니, 너희는 원하는 삶을 살아라. 엄마는 언제까지든 너희 편이 되어주는 사람으로 있겠다. 엄마는 무조건 너희 편이다.

마지막으로 엄마가 하고 싶은 말이 있다. 엄마가 어릴 적에 보았던 담쟁이 이야기다. 엄마는 어릴 적부터 담쟁이를 좋아했다. 그 이유는 생명력 때문이었다.

어릴 때 외갓집 담장에 넝쿨로 자라는 담쟁이를 보면서 그 악착같은 생명력에 감탄했다. 담쟁이넝쿨이 담장을 안고 꿋꿋하게 올라가던 모습이 생생하다. 엄마는 너희가 그 담쟁이처럼 살아가길 바란다. 인생에서 아무리 가파른 절벽을 만나더라도, 그 절벽을 타고 올라가는 담쟁이처럼 말이다.

엄마도 담쟁이처럼 살아가려 한다. 오르기 벅찬 절벽 같은 담장을 만나게 될지 모른다. 오를 수 없는 벽이라고 느껴, 주저앉을 수도 있다. 하지만 담쟁이처럼 작은 틈을 부여잡고 위로 올라갈 것이다. 수만 개의 고난이 닥치더라도, 그 고난을 넘어 기어이 담장 위로 올라설 것이다. 혹시나 너희가 건물 벽을 타고 올라가는 담쟁이를 보았을 때 엄마를 떠올리길 바란다.

담쟁이처럼 꿋꿋하게 나아가는 엄마. 그렇게 살아낸 엄마의 인생은 외갓집의 담장의 담쟁이넝쿨처럼 빛나는 풍경이 될 거라고 믿는다. 너희와 서로 껴안고 있는 그 담장은 엄마의 인생 소망이다.

너희와 나는 본래 탯줄로 연결된 하나의 생명이었다. 너희는 엄마에게 분신이며 완전한 우주다. 그래서 엄마는 너희 마음의 어두운 티끌 하나까지 쏟어내고 싶다. 그런 마음으로 이 편지를 보낸다.

사랑한다. 아들아.

너희를 사랑하는

담쟁이 엄마가

아들아, 돈 공부는
인생 공부였다

1판 1쇄 발행 2023년 5월 8일
1판 2쇄 발행 2023년 5월 31일

지은이 정선용(정스토리)

발행인 양원석
책임편집 차선화 **디자인** 김유진, 김미선
영업마케팅 윤우성, 박소정, 이현주, 정다은, 박윤하

펴낸 곳 ㈜알에이치코리아
주소 서울시 금천구 가산디지털2로 53, 20층(가산동, 한라시그마밸리)
편집문의 02-6443-8861 **도서문의** 02-6443-8800
홈페이지 http://rhk.co.kr
등록 2004년 1월 15일 제2-3726호

ISBN 978-89-255-7652-7 (03320)